Mag. Birgit Peterson

Die 99 besten Schreib-tipps

für die Vorwissenschaftliche Arbeit, Matura und das Studium

VORWORT UND DANKSAGUNG

Mit noch drei extra Schreibtipps

Dieses Buch soll Ihnen Anstöße und Tipps geben, wie Sie Ihr Schreibprojekt erfolgreich umsetzen können. Egal ob es sich um einen beruflichen Fachtext, eine Seminar- oder Masterarbeit im Studium oder die vorwissenschaftliche Arbeit für die Matura handelt, das richtige Handwerkszeug erleichtert Ihnen das Schreiben ungemein – und genau das soll Ihnen dieses Buch vermitteln. Sie finden hier für jede Phase Ihres Schreibprojekts nützliche Werkzeuge und Checklisten, die Sie hoffentlich beim Schreibprozess unterstützen: von der Ideenfindung und Organisation über die eigentliche Schreibphase selbst und die Überarbeitung Ihrer Texte bis hin zum Druck Ihres Werkes.

Alle 99 Tipps sind erfolgreich in der Praxis erprobt, in Workshops mit Schreibenden und Studierenden. Sie können sich jene heraussuchen, die Ihnen am besten weiterhelfen, für jeden Schreibtyp ist etwas dabei. Beim Schreiben dieses Buches konnte ich viele der Tipps auch selbst wieder einmal ausprobieren und auf Ihre Effektivität hin überprüfen. Drei Schreibtipps möchte ich aus dieser persönlichen Erfahrung noch ergänzen:

Hören Sie auf die Anregungen von FreundInnen
„Mach doch ein Buch daraus!"

Wenn Sie öfter von anderen hören: „Da könntest Du doch ein Buch darüber schreiben!" oder Ähnliches, tun Sie diese Anregungen nicht ab – vielleicht können Sie es wirklich! Ich danke den vielen TeilnehmerInnen meiner Workshops, die immer wieder gefragt haben, ob Sie meine Schreibtipps auch irgendwo nachlesen können. Das hat nach und nach die Idee für dieses Buch in mir reifen lassen. Den Anstoß das Buch wirklich zu schreiben, hat aber Katharina Turecek von *a-head* (www.a-head.at) gegeben, als sie meinte, ich könne doch einfach aus meinen Workshop-Unterlagen ein Buch mit 99 Schreibtipps machen. Vielen Dank Katharina, du hast damit die Idee zu einem konkreten Projekt werden lassen und dem Ganzen auch gleich einen Titel gegeben!

Von hohen Anforderungen an sich selbst
Wohin hochgestochene Titel führen können

Toll, wenn ein Projekt von Anfang an einen guten Titel hat. Allerdings habe ich unterschätzt, wie der Titel „Die 99 BESTEN Schreibtipps" meine innere Perfektionistin zu Höchstleistungen animieren sollte. Hatte ich zu Beginn noch Sorge, 99 Tipps zusammen zu bekommen, verlagerte sich das Problem während des Schreibens dahin, aus der Fülle an Tipps die wirklich ALLERBESTEN auszuwählen. Und diese musste ich als Schreibexpertin dann natürlich auch perfekt formulieren. Im Nachhinein wäre wohl ein Arbeitstitel wie: „Ein paar Tipps, die eventuell ein wenig beim Schreiben unterstützen könnten" (danke Astrid, für diesen erleichternden Vorschlag!) besser gewesen. Meine Freundin Daniela hat mich durch ihr Feedback in so mancher perfektionismusbedingten Schreibblockade zum Weiterschreiben motiviert und mich pragmatisch auf den Boden der Realität geholt. Sie hat alle meine Zickereien gelassen ertragen und mir die ganze Schreibphase hindurch Mut gemacht, auch wenn mein Zeitplan aus dem Ruder geraten ist. Danke Daniela, du bist die beste Partnerin, die ich mir wünschen kann!

Ungeplante Katastrophen und warum ein Zeitpuffer oft nicht reicht
Wunderbar genaue Planung hilft bei vielen Schreibprojekten ungemein. Auch ein Puffer von 2 Wochen und ein ganzer Monat für das Schreiben reservierte Zeit klingen toll. Leider kommt es oft anders, als man denkt und auch der beste Plan scheitert an der Wirklichkeit. Die ursprüngliche Deadline war schon fast vorbei, als ich endlich Zeit zum Überarbeiten des Erstentwurfs hatte. Mit dem Wasser bis zum Hals schreibt es sich dann nicht so locker, wenn der Erscheinungstermin schon fest steht. Darum möchte ich meinem Verleger Hubert Krenn und seinem Team für ihr Verständnis, viel Geduld und genau das richtige Maß an Deadline-Druck und Motivation danken.

Ich freue mich, dass Sie, liebe LeserInnen, dieses Buch nun nützen können, um Ihr eigenes Schreibprojekt in die Realität umzusetzen und fertigzustellen. Das Gefühl, sein gedrucktes Werk in Händen zu halten, ist wirklich toll – genießen Sie es und gutes Gelingen!

Ihre Birgit Peterson

1. EIN SCHREIBPROJEKT IN ANGRIFF NEHMEN – UND DRANBLEIBEN 8

Tipp 1	Schreiben wie ein Profi	10
Tipp 2	Definieren Sie persönliche Ziele!	12
Tipp 3	Der ehrliche Blick in den Spiegel	13
Tipp 4	Finden Sie optimale BetreuerInnen!	15
Tipp 5	Der Time-Finder	17
Tipp 6	Zeitplan rückwärts	20
Tipp 7	Smarte Meilensteine	22
Tipp 8	Prioritäten setzen	23
Tipp 9	Plan B im Hintergrund	24
Tipp 10	Den inneren Schweinehund trainieren	25
Tipp 11	Große und kleine Belohnungen	26

2. IDEEN FINDEN UND FÜR DAS BESTE THEMA ENTSCHEIDEN 28

Tipp 12	Raum für Kreativität schaffen	30
Tipp 13	Gedanken in Schwung bringen	32
Tipp 14	Beschatten Sie Ihr Thema!	33
Tipp 15	Aufhänger für Ihre Themensuche	35
Tipp 16	Visionsreise	36
Tipp 17	Themen-Brainstorming	38
Tipp 18	Mindwriting – Schreiben als Denkmethode	40
Tipp 19	Clustern Sie Ihre Ideen	41
Tipp 20	Perspektivendiagramme verschaffen Überblick	43
Tipp 21	Der Ideentrichter	45
Tipp 22	Themenentscheidung treffen	46

3. VOM THEMA ZUR FRAGESTELLUNG 48
Eingrenzen auf eine (vor-)wissenschaftliche Zielsetzung

Tipp 23	Erkunden Sie die Details	50
Tipp 24	Forschungslücken und „Soft Spots"	52
Tipp 25	Formulieren Sie Ihre Fragestellung	53

Tipp 26	Themenpyramide bauen	54
Tipp 27	Das Triangelmodell	56
Tipp 28	Methodenvielfalt erkennen	58
Tipp 29	Projektdesign ausbalancieren	59
Tipp 30	Projektart auswählen	61
Tipp 31	Wie Fragestellungen wissenschaftlich werden	63
Tipp 32	Klare Zielsetzungen definieren	64
Tipp 33	Qualitätsprüfung vor Projektstart	66

4. RICHTIG RECHERCHIEREN 68
Relevante und zitierbare Quellen und Literatur finden

Tipp 34	Die Recherchespirale drehen	70
Tipp 35	Nicht ohne Literaturverwaltungsprogramm	71
Tipp 36	Recherche im Internet festhalten	73
Tipp 37	Google und Wikipedia richtig benutzen	74
Tipp 38	Vertrauenswürdige Internetquellen finden	76
Tipp 39	„Who is Who"	78
Tipp 40	Schlüsselwörter aus dem Leseglossar	80
Tipp 41	Datenbanken strategisch durchforsten	81
Tipp 42	Gehen Sie in Bibliotheken!	83
Tipp 43	Primärquellen & Sekundärliteratur auseinanderhalten	84
Tipp 44	Passende Textsorten suchen	85

5. STRUKTUREN SCHAFFEN 86
Textgliederung und Arbeitsschritte planen und absegnen lassen

Tipp 45	Strukturieren Sie auf allen Ebenen	88
Tipp 46	Ihr Gliederungscluster als Basistool	89
Tipp 47	Mindmapping: Map your Mind	91
Tipp 48	Literaturberge klein planen	93
Tipp 49	Seitenzahlgenerator aktivieren	94
Tipp 50	To-Do-Listen für jeden Textteil	98
Tipp 51	Textbestandteile definieren	100
Tipp 52	Gliederungsarten auf der Mikroebene	103
Tipp 53	Kritische Darlegungen strukturieren	105

Tipp 54	Nicht ohne Exposé!	107
Tipp 55	BetreuerInnensegen einholen	108

6. TEXTE EFFIZIENT LESEN UND GROSSE LITERATURMENGEN ERARBEITEN 110

Tipp 56	Lesen ist nicht gleich lesen	112
Tipp 57	Querlesen perfektionieren	114
Tipp 58	Fragendes Lesen mit der SQR-Methode	116
Tipp 59	Textbewertungsmatrix nützen	118
Tipp 60	Schreibend lesen	120
Tipp 61	Nützliche Exzerpte schreiben	121
Tipp 62	Interview mit einem Buch	122
Tipp 63	Das Leseclustering als Basistool	125
Tipp 64	Die Gerüchteküche als Zitiermodell	127
Tipp 65	Ein optimales Leseambiente	129
Tipp 66	Leseblockaden lösen	131

7. IHREN ERSTENTWURF AUFS PAPIER BRINGEN, INDEM SIE SICH UNFERTIGE ROHTEXTE ERLAUBEN 134

Tipp 67	Schreiben als Ihr Auftritt vor Publikum	136
Tipp 68	Schreiben ist Übungssache	139
Tipp 69	Ein Drehbuch für Ihren Text	141
Tipp 70	Lesestopp einlegen	143
Tipp 71	Nie ohne „Shitty First Drafts"!	145
Tipp 72	Den inneren Zensor beurlauben	146
Tipp 73	Freewriting, die geniale Schreibtechnik	148
Tipp 74	Schritt für Schritt schreiben	150
Tipp 75	Gemeinsam schreiben beflügelt!	152
Tipp 76	Einen Schreibmarathon laufen	154
Tipp 77	Schreibblockaden sind normal	156

8. TEXTE FOKUSSIERT ÜBERARBEITEN UND ZU EINEM ÜBERZEUGENDEN ENDPRODUKT VERFEINERN — 158

Tipp 78	In drei Schritten zum fertigen Text	160
Tipp 79	Inhaltliche Vervollständigung aus Distanz	162
Tipp 80	Beschreiben, Definieren, Belegen	164
Tipp 81	Konstruktives Textfeedback einholen	166
Tipp 82	Mit gutem Schnitt zu oscarreifen Texten	168
Tipp 83	Verständlich schreiben	170
Tipp 84	Ohne Plagiat korrekt zitieren	172
Tipp 85	Sprachlicher Feinschliff	175
Tipp 86	Besonderheiten von Wissenschaftssoziolekten	177
Tipp 87	Mit „Wörter-Jenga" Texte verdichten	178
Tipp 88	Den roten Faden spannen	180

9. IHR SCHREIBPROJEKT FINALISIEREN UND ZUM DRUCKFERTIGEN WERK GESTALTEN — 182

Tipp 89	Diskussion und Konklusion als Finale	184
Tipp 90	Einleitende Worte ganz zum Schluss	185
Tipp 91	Writing-Prompts for your Abstract	186
Tipp 92	Noch schnell ein Vorwort verfassen	188
Tipp 93	Formale Vorgaben und Feedback einarbeiten	189
Tipp 94	Verzeichnisse erstellen	190
Tipp 95	Für Korrektorat sorgen	192
Tipp 96	Format mit System	194
Tipp 97	Grafisches Layout und Satz	195
Tipp 98	Schlusskorrektur und Endkontrolle	197
Tipp 99	Setzen Sie einen Schlussstrich	198

Literaturverzeichnis	200
Impressum	201

1.
EIN SCHREIBPROJEKT IN ANGRIFF NEHMEN – UND DRANBLEIBEN

Gut geplant ist halb gewonnen! In diesem Kapitel finden Sie Tipps, wie Sie Ihr Schreibprojekt so planen, dass es funktioniert und Ihre Motivation, dranzubleiben, nicht versiegt.

Tipp 1

Schreiben wie ein Profi

Planen Sie die Phasen Ihres Schreibprojektes

WissenschaftlerInnen haben bei der Analyse fachlichen Schreibens herausgefunden, was erfolgreich abgeschlossene Schreibprojekte von schlechteren, unfertig gebliebenen unterscheidet: Professionelle Schreibprojekte durchlaufen immer dieselben 6-8 Phasen und widmen jeder einzelnen ungefähr gleich viel Zeit. Spannenderweise kann man diese typischen Arbeitsphasen in unterschiedlichsten Schreibprojekten beobachten, vom Kurztext bis zur hochwissenschaftlichen Dissertation, von 13 bis 300 Seiten Umfang:

	Schreibphase
Thema finden	• Themenideen und Fragestellung finden • BetreuerInnen suchen • Themenentscheidung treffen • Thema auf ein Ziel oder eine präzise Forschungsfrage eingrenzen
Forschungsfrage präzisieren und Gliederung planen	• Forschungsfrage präzisieren • Methoden und Material fixieren • Gliederung planen • Zeitplan erstellen • Exposé mit BetreuerIn abstimmen
Einlesen und empirische Arbeit	• Exposé fertigstellen • Literatur erarbeiten • Empirisch-praktische Hauptarbeit beginnen
Rohtext verfassen	• Rohtexte schreiben • Literatur integrieren • Empirisch-praktische Arbeit beschreiben
Überarbeitung, Feedback	• Inhaltliches redigieren • Strukturell überarbeiten • Sprachlicher Feinschliff • Betreuer-Feedback einholen
Text finalisieren	• Betreuer-Feedback einarbeiten • Korrektorat • Formale Gestaltung • Danksagung und Abstract schreiben

Immer wenn einer Phase zu wenig Zeit gewidmet wird, gibt es Probleme. Berücksichtigen Sie also alle Phasen ausreichend und planen Sie die angeführten Tätigkeiten zum richtigen Zeitpunkt ein. Praktische oder empirische Arbeiten sollten Sie erst beginnen, wenn die Planungsphase abgeschlossen ist und unbedingt vor Ende der Schreibphase beenden. Besonders beim Lesen und Arbeiten mit Literatur brauchen Sie, je nach Phase, unterschiedliche Strategien. Manche Tätigkeiten wirken sich hinderlich aufeinander aus: Achten Sie auf einen Lesestopp beim „Schreiben des Rohtextes" und planen Sie eine Pause zwischen Schreiben und Überarbeitung ein.

Ihr Schreibprojekt professionell in Phasen zu planen, spart Zeit und erhöht Ihre Erfolgsaussichten!

Arbeiten mit Literatur	**Empirisch-praktische Arbeit**
• Quellen recherchieren • Literatur sichten • Überblick schaffen • Literaturverwaltung organisieren	• Methoden sammeln
• Querlesen und Quellen bewerten • Literatur und Quellen auswählen und zuordnen • Primärliteratur lesen	• Empirisches Design erarbeiten
• Einlesen, exzerpieren, paraphrasieren • Kritisches sinnerfassendes Lesen	• Empirisch-praktische Arbeit • Ressourcen organisieren • Daten erheben
• Lesestopp • Eventuell nachlesen	• Empirisch-praktische Arbeit, • Auswertung
• Belege und Definitionen ergänzen • Zitate überprüfen	
• Literaturliste vervollständigen • Quellen und Abbildungsverzeichnis • Zitierungsformat fertigstellen	

Tipp 2 — Definieren Sie persönliche Ziele!
Was bezwecken Sie mit Ihrem Schreibprojekt?

Warum wollen Sie dieses Schreibprojekt umsetzen? Was erhoffen Sie sich davon? Wollen Sie es einfach nur hinter sich bringen, egal wie, „Hauptsache durch"? Oder möchten Sie eine besonders gute Note, besondere Aufmerksamkeit damit erreichen? Wie viel Aufwand ist Ihnen das Wert? Wo sind die Grenzen?

Persönliche Ziele zu definieren heißt erstens, sich genau zu überlegen, was man erreichen will, aber zweitens auch, sich klare Grenzen zu setzen. Zu wissen, was Ihnen nicht so wichtig ist, erleichtert Ihnen, sich beim Schreiben auf das Wesentliche zu konzentrieren. Und selbst wenn Sie ihr Ziel hie und da aus den Augen verlieren, können Sie sich leichter neu orientieren, wenn Sie wissen, wohin die Reise gehen soll. Zusätzlich motiviert ein Ziel vor Augen, dranzubleiben und hilft bei den vielen Entscheidungen, die Sie während Ihres Schreibprojekts treffen müssen.

Bevor Sie also ein Schreibprojekt starten, sollten Sie sich über Ihre persönlichen Zielsetzungen im Klaren sein:

- Was wollen Sie persönlich mit dieser Arbeit erreichen? Was wäre zu viel, was zu wenig?
- Wie viel Zeit und Energie wollen Sie dafür investieren?
- Wie hoch sind Ihre Ansprüche an sich selbst?
- Wofür oder für wen wollen Sie die Arbeit schreiben?
- Was kommt danach?

Wichtig sind auch die Erwartungen anderer, speziell jener, die Sie beurteilen. Überlegen Sie schon vorher:

- Was erwartet und interessiert Ihr Zielpublikum?
- Was erwarten Ihre BetreuerInnen und die Personen, die Ihre Leistung bewerten?
- Welche Anforderungen stellen Ihre TeamkollegInnen?

Wenn Sie Ihre Ziele kennen und wissen, welche Ansprüche Sie mit dem Schreibprojekt erfüllen wollen und welche nicht, erleichtert das auch Gespräche mit BetreuerInnen oder KollegInnen.

Der ehrliche Blick in den Spiegel

Tipp 3

Erkennen Sie Ihre Stärken und Schwächen als AutorIn

Zu Beginn eines Schreibprojektes ist ein nüchterner Blick in den Spiegel nötig. Wie gehen Sie mit großen Projekten um? Lassen Sie frühere langfristige Projekte vor Ihrem inneren Auge Revue passieren:

Fällt Ihnen das Anfangen schwer oder eher das Dranbleiben über einen langen Zeitraum?

Neigen Sie eher dazu, sofort durchzustarten? Wie schnell sind Sie dann ausgepowert? Verlieren Sie nach einiger Weile oft den Spaß daran und lassen Sie das Ganze schleifen? Oder schieben Sie schon das Anfangen bis zur letzten Minute hinaus? Legen Sie dann einen fulminanten Endspurt hin oder lassen Sie das Projekt eher bleiben, wenn die Zeit knapp ist?

Gehen Sie strukturiert vor oder arbeiten Sie spontan?

Planen Sie alles ganz genau, bis ins Detail, bevor Sie anfangen können? Oder stürzen Sie sich gleich ohne Planung in die Arbeit? Halten Sie sich an Ihre eigenen Pläne oder planen Sie immer alles um? Wie gehen Sie mit unvorhergesehenen Ereignissen um? Werfen sie Sie eher aus der Bahn oder blühen Sie erst im spontanen Improvisieren richtig auf?

Wie beenden Sie Projekte und was wurde aus Ihren großen Plänen?

Können Sie sich nur schwer entschließen, Ihr Werk für fertig zu erklären und feilen ewig daran herum? Oder bleibt Ihnen meist kaum Zeit am Schluss und Sie sind froh, dass es überhaupt irgendwie fertig wird? Holen Sie häufig Feedback von anderen ein oder zeigen Sie lieber gar nichts her, bevor es ganz fertig ist? Sind Sie am Ende oft stolz auf Ihre Leistung oder mäkeln Sie selbst daran herum? Haben Sie oft das Gefühl, Ihr Bestes gegeben zu haben oder denken Sie sich im Nachhinein, dass Sie mit etwas mehr Anstrengung oder Zeit ein viel besseres Ergebnis erreicht hätten?

Planen Sie mit dem Spiegel vor Augen:

Versuchen Sie, bei diesem Blick in den Spiegel zu sehen, was bei früheren Projekten schon ziemlich gut funktioniert hat und womit Sie oft Schwierigkeiten hatten. Wenn Sie wissen, wobei Sie die meisten Probleme erwarten, können Sie sich besser vorbereiten. Planen Sie in den schwierigen Phasen des Schreibprojektes Puffer ein und überlegen Sie, wie Sie die bekannten Hürden meistern.

Die „Last-Minute-Worker" planen dann freie Tage kurz vor der Deadline ein, weil sie wissen, dass ihnen am Ende immer die Zeit davon läuft. Wer Schwierigkeiten beim Lesen fremdsprachiger Texte hat, plant schon vorher mehr Zeit für das Lesen ein und organisiert ein gutes Übersetzungsprogramm.

Obwohl kein Schreibprojekt ganz wie geplant über die Bühne geht, zahlt sich eine solche Planung mit dem Spiegel vor Augen aus, da Sie viele Probleme schon im Vorhinein erkennen und Strategien dafür entwickeln können. So sparen Sie sich später viel Stress und Selbstvorwürfe.

Finden Sie optimale BetreuerInnen!
Jedes Schreibprojekt braucht Unterstützung

Tipp 4

Egal, ob für eine vorwissenschaftliche Arbeit oder ein Schreibprojekt an der Uni oder im Beruf: Mit einer Person, die Sie kompetent und wertschätzend unterstützt, geht es viel leichter.

Aber wie finden Sie passende BetreuerInnen? Am einfachsten ist es, wenn Sie schon vor Beginn des Schreibprojekts nach Personen Ausschau halten, die einerseits in Ihrem Gebiet kompetent sind, andererseits eine für Sie angenehme Art zu kommunizieren haben. Achten Sie schon im Vorfeld darauf, wer in Frage kommen würde, wer Sie bei welchen Fachthemen unterstützen könnte.

Ihre BetreuerInnen sollen Sie auf Ihrem Weg durch das Schreibprojekt mit nützlichen Hinweisen und Feedback unterstützen, vor möglichen Schwierigkeiten warnen und, am besten, mit Tipps und Motivation zu Seite stehen, wenn es Schwierigkeiten gibt. Wie Sie Ihr Schreibprojekt umsetzen, bleibt aber in Ihrer Verantwortung als Autorin. Überlegen Sie sich daher:

Was brauchen Sie am meisten als Unterstützung für Ihr Schreibprojekt?

Unterstützung	sehr wichtig	mittel	weniger wichtig
Motivation?			
Hilfe bei Organisation und Zeitmanagement?			
Fachliche Tipps, Anleitung?			
Methodische Unterstützung?			
Rückmeldung, um Fehler zu erkennen?			
Feedback, um eine besonders gute Arbeit zu schreiben?			

Für gute Betreuung ist gute Kommunikation am wichtigsten. Je selbstorganisierter Sie sind, desto mehr liegt Ihr Fokus auf gutem Feedback. Da es ein professionelles Arbeitsverhältnis sein soll, ist Sympathie oft weniger wichtig als Fachkompetenz und Methodenunterstützung. Wenn Sie Hilfe bei Zeitmanagement und Organisation brauchen, wählen Sie jemanden, dessen Autorität Sie respektieren. Je unsicherer Sie sich fühlen, desto wichtiger sind Vertrauen und Sympathie.

Nehmen Sie sich Zeit bei der Wahl Ihrer BetreuerInnen, gerade bei Maturaarbeiten oder im Studium. Schließlich sind diese Personen bedeutend am Erfolg Ihres Schreibprojektes beteiligt: Sie benoten es!

Bei solchen Schreibprojekten ist gute Kommunikation notwendig, damit auf beiden Seiten alles klar ist. Sprechen Sie mit möglichen BetreuerInnen offen über gegenseitige Erwartungen. Planen Sie, wie Sie kommunizieren würden, wie das Projekt aussehen könnte und gegebenenfalls, wie die Betreuung in die Bewertung miteinfließt.

Für die endgültige Auswahl der BetreuerInnen gilt es, einige Kriterien gegeneinander abzuwägen:

- Haben Sie eine gute Kommunikationsbasis? Verstehen Sie sich?
- Ist die Person in den von Ihnen angepeilten Fächern und Methoden kompetent?
- Ist Ihnen die Person sympathisch? Trauen Sie sich, sie bei Schwierigkeiten um Hilfe zu bitten?
- Entspricht die angebotene Unterstützung Ihren Vorstellungen (siehe oben)?
- Ist die Person im vorgesehenen Zeitraum verfügbar?
- Würde die Person Ihr Schreibvorhaben unterstützen?

Wählen Sie auf dieser Grundlage optimale BetreuerInnen für Ihr jeweiliges Schreibprojekt aus!

Der Time-Finder

Tipp 5

Zeit finden, wo keine zu sein scheint

Neben Schule, Studium oder Beruf noch Zeit zu finden, um an seinem Schreibprojekt zu arbeiten, erscheint oft unmöglich. Es gibt eine tolle Methode, um in einem vollgestopften Alltag Zeit freizuschaufeln – Chris Baty's *Time-Finder*. Und so funktioniert er:

Bereiten Sie eine Tabelle für eine ganze Woche vor, in der Sie jeden Tag von 0:00 bis 24:00 in 30-Minuten-Einheiten aufteilen. Führen Sie die Tabelle immer mit sich herum und dokumentieren Sie akribisch genau und ehrlich (ist ja nur für Sie selbst), womit Sie jede halbe Stunde verbracht haben. Am besten, Sie wählen dafür eine ganz durchschnittlich stressige Woche aus.

So könnten zwei Tage in Ihrer Tabelle aussehen:

	Montag		Sonntag
07:00 – 07:30	Duschen & anziehen	07:00 – 09:30	Schlafen
07:30 – 08:00	Frühstücken beim in die Schule/Arbeit fahren	09:30 – 10:00	Im Bett dösen
08:00 – 14:00	Schule/Arbeit	10:00 – 11:30	Frühstücken
14:00 – 14:30	Mit Freunden plaudern, Mittagessen	11:30 – 13:00	Freunden mailen, Facebook Einträge, Internet
14:30 – 15:00	Bummeln & shoppen	13:00 – 15:30	Familientreffen und Mittagessen
15:00 – 15:30	Beim Heimfahren wichtige Besorgungen machen	15:30 – 17:00	Sport mit Freunden
15:30 – 16:00	Zuhause aufräumen, Internet surfen, Facebook	17:00 – 18:00	Noch was trinken mit Freunden
16:00 – 17:30	Vorbereitung für morgen, Hausaufgaben	18:00 – 19:00	Nach Hause fahren, Kleinigkeit essen, Wäsche waschen
17:00 – 17:30	Musik hören	19:00 – 20:00	Facebook, Mail und Chat mit Freunden
17:30 – 18:30	Telefonat mit Mutter	20:00 – 20:30	Rechnungen bezahlen
19:00 – 21:00	Vorm Fernseher, Computerspielen	20:30 – 22:30	Fernseher, Musikvideos
21:00 – 22.30	Kochen und Essen	22:30 – 23:00	Zeitschriften durchblättern, Musik hören
22:30 – 23:00	Sich erinnern, dass bis morgen noch was zu lesen ist & überfliegen	23:00 – 23:30	Unterlagen für morgen zusammensuchen
23:00 – 23:30	Geschirr abwaschen, ein wenig zusammenräumen	00:00 – 00:30	Schönheitspflege, Musik hören & lesen
23:30 – 7:00	Schlafen	00:30 – 7:00	Schlafen

Nachdem Sie sich mindestens eine Woche lang beobachtet haben, setzen Sie sich in Ruhe hin und starten Sie Ihren *Time-Finder*: Überlegen Sie genau und markieren Sie jede halbe Stunde farblich:

ROT — Etwas, das Sie unter keinen Umständen unterlassen sollten (Schule, Arbeit, etwas Schlaf).

GELB — Wichtiges, worauf Sie aber notfalls hie und da verzichten können (Freunde treffen, viel Schlaf).

BLAU — Dinge, die Sie für einige Wochen locker bleiben lassen können (Computerspielen, Fernsehen).

Um Zeit freizuschaufeln, rechnen Sie aus, wie viel Zeit Sie pro Woche mit den blau markierten Tätigkeiten gewinnen und verabschieden Sie sich für die heißen Phasen Ihres Schreibprojektes davon. In Ihrem *Time-Finder* wandeln Sie die blauen Stunden gleich in grüne Schreibzeit um. In unserem Beispiel hätten Sie damit schon 2 und 6 Stunden gewonnen.

Sollte damit noch nicht genügend Zeit freigeschaufelt sein, überlegen Sie sich, welche gelb markierten Tätigkeiten Sie für einige Zeit weniger häufig ausüben könnten. Oder besteht die Möglichkeit, manche der gelben Aktivitäten für die Dauer Ihres Schreibprojektes zu delegieren? Überlegen Sie gleich, an wen und markieren Sie die entsprechenden gelben Zeitspannen grün! Sie werden feststellen, dass Ihnen die gelben Tätigkeiten, die Sie nicht gestrichen haben, plötzlich viel mehr Spaß machen.

Tasten Sie auf keinen Fall die rot markierten Zeiten an. Wenn Ihre Aufzeichnungen realistisch waren und trotzdem mit den gelben und blauen Stellen nicht genug Zeit zur Verfügung steht, überdenken Sie Ihren Zeitplan und planen Sie mehr Zeit ein. Die roten Zeiten zu streichen, treibt Sie in 2–3 Wochen ins Burnout.

Wenn Sie genügend Schreibzeit freigeschaufelt haben, müssen Sie nun zu diesen Zeiten immer Laptop, Papier und Bleistift oder Literatur dabei haben. Sie werden sehen: In diesen kleinen Zeiteinheiten schafft man meistens mehr als wenn man einen ganzen Tag frei hat.

| Tipp 6 | **Zeitplan rückwärts**
Das Ziel als erster Meilenstein

Für einen funktionierenden Zeitplan beginnen Sie am besten am Ende: Wann muss Ihr Schreibprojekt fertig sein? Wenn Sie keine Deadline haben, setzen Sie eine fest! Mit einem Endtermin im Visier planen Sie Ihr Schreibprojekt viel realistischer.

Markieren Sie den Abgabetermin im Kalender und planen Sie entlang der Phasen des Schreibprojektes **(Tipp 1 – Schreiben wie ein Profi)** zurück. Das könnte so aussehen:

Abgabetermin: **28. Februar**

Wie lange brauchen Sie, um Feedback einzuarbeiten und die Arbeit formal fertigzustellen? Bedenken Sie dabei auch, wie viel Zeit Sie pro Woche daran arbeiten können **(Tipp 5 – Der Time-Finder)**. Geben Sie einen realistischen Zeitraum an und setzen Sie einen Meilenstein.

Letztes Feedback eingeholt   **10. Februar**

Vergessen Sie nicht, die Zeit zu kalkulieren, die Ihre Betreuer und Unterstützer für Rückmeldungen brauchen.

Überarbeitete Version fertig: **30. Jänner**

Wie lange Sie für die Überarbeitung brauchen, hängt natürlich von Umfang und Zahl der Überarbeitungsdurchgänge ab. Am besten kalkulieren Sie pro Seite und Durchgang, je 1/2 bis 2 Stunden. Planen Sie es ein, wenn Sie dazwischen etwas vorhaben (wie Urlaub oder Prüfungen).

Erstentwurf fertig: **07. Jänner**

Wie lange brauchen Sie, um den Erstentwurf aufs Papier zu bekommen? Berücksichtigen Sie in der Planung immer Ihre individuellen Stärken und Schwächen und bauen Sie entsprechende Puffer ein. Falls Sie praktische oder empirische Teile geplant haben, müssen diese abgeschlossen sein, damit sie darüber schreiben können, notwendiges Wissen müssen Sie sich bis dahin angeeignet haben.

Empirischer Teil abgeschlossen: **10. Dezember**

Literatur fertig gelesen und Fachwissen angeeignet: **01. Dezember**

Je nach Art der Texte und Informationen und Ihrer Lesegeschwindigkeit, überlegen Sie, wie lange Sie zum Lesen und Verstehen brauchen.

Vollständige Literatur recherchiert,
Informationsquellen organisiert: **20. November**

Damit Sie gut recherchieren können, müssen Sie Ihr Schreibprojekt mit einem klaren Ziel oder entlang Ihrer Fragestellung gut strukturiert und die methodische Vorgehensweise geplant haben. Oft muss dieser Plan auch in Form eines Exposés oder Erwartungshorizontes abgesegnet werden.

Fragestellung, Methode und Gliederung fixiert (Exposé):   **30. Oktober**

Ein interessantes Thema zu finden und sich für eine spezifische Frage und Methode zu entscheiden, braucht Zeit. Bis wann wollen Sie Ihre Entscheidung für ein Schreibprojekt und BetreuerInnen getroffen haben?

Themenentscheidung gefallen, BetreuerInnen gefunden: **10. Oktober**

Bei dieser Planung – rückwärts erkennen Sie schnell, ob sich alles ausgeht oder ob Sie sich mehr Zeit freischaufeln müssen und wann Sie spätestens beginnen sollten. Gleichzeitig haben Sie damit „Meilensteine" Ihrer Arbeit fixiert, auf die Sie hinarbeiten können.

Tipp 7

Smarte Meilensteine

Formulieren Sie Ihre Zwischenziele klar.

Das wichtigste Kennzeichen einer guten Planung sind viele Meilensteine: Kleine Zwischenziele, die Sie abhaken können. Ein guter Meilenstein hat folgende Charakteristika: Das Ziel ist genau formuliert und überprüfbar, am besten steht ein konkretes Produkt am Ende.

Unklare Zielsetzungen lassen sich schwerer überprüfen. So entsteht oft das Gefühl, mit einem Arbeitsschritt „nie fertig zu werden". Im Projektmanagement verwendet man das „SMART-Prinzip", um Ziele optimal zu beschreiben. Formulieren Sie Ihre Ziele SMART:

- **S – spezifisch:** Grenzen Sie Ihr Ziel klar ab, sodass es keinen Spielraum gibt, ob es erreicht ist oder nicht: „Methodenteil geschrieben."

- **M – messbar:** Ihr Ziel sollte messbar sein, damit Sie wissen, wenn Sie es erreicht haben: „Methodenteil im Umfang von 10-13 Seiten geschrieben."

- **A – angemessen:** Ist Ihr Ziel erreichbar? Setzen Sie die Latte nicht zu hoch, sonst verlieren Sie die Motivation: „Rohtext von Methodenteil im Umfang von 10-13 Seiten geschrieben."

- **R – relevant:** Vermeiden Sie kosmetische „Umwegsziele". Jeder Meilenstein sollte Teil Ihres Gesamtzieles sein. „Rohtext von Kapitel 3 Methoden im Umfang von 10-13 Seiten geschrieben."

- **T – terminiert:** Nennen Sie einen konkreten Zeitpunkt: „10. Juli: Rohtext von Kapitel 3 „Methoden" im Umfang von 10-13 Seiten fertig."

Derart SMART formulierte Meilensteine eignen sich gut als Antrieb und vermeiden endloses Herumarbeiten, ohne voran zu kommen. Haben Sie Ihr Ziel erreicht, seien Sie stolz auf die geschaffte Etappe, gönnen Sie sich ein Pause und eine Belohnung.

Prioritäten setzen

Tipp 8

Trennen Sie Wichtiges von Dringendem

Manchmal ist so viel gleichzeitig zu tun, dass man nicht weiß, wo man beginnen soll, geschweige denn, wie man alles schaffen soll. Für so einen Fall hat sich die *Eisenhower Matrix* bewährt, sie hilft, alle To-dos nach Wichtigkeit und Dringlichkeit zu ordnen.

	dringend	**nicht dringend**
wichtig	Priorität 1	Priorität 3
weniger wichtig	Priorität 2	Priorität 4

Je nachdem, in welches Feld Sie Ihre To-dos eingetragen haben, ergibt sich die Priorität

- Priorität 1: Wichtige und dringende Dinge haben immer Vorrang: Fangen Sie sofort damit an!

- Priorität 2: Weniger wichtig, aber dringend. Diese Dinge delegieren Sie am besten an jemand anderen. Geht das nicht, kommen sie direkt nach den „wichtigen und dringenden" Dingen, aber mit so wenig Aufwand wie möglich.

- Priorität 3: Wichtig, aber nicht dringend. Verschieben Sie das auf einen fixen späteren Zeitpunkt.

- Priorität 4: Weniger wichtig und nicht dringend. Hurra, diese To-dos können Sie streichen, bis sie Ihnen in ruhigeren Zeiten wieder einfallen oder sich erübrigt haben.

Tipp 9 — Plan B im Hintergrund
Funktioniert Ihr Plan, realistisch gesehen?

Wenn Sie feststellen, dass der ursprüngliche Plan nicht funktioniert, ist es nützlich, einen Plan B für Notfälle vorbereitet zu haben. Überwachen Sie daher regelmäßig Ihren Fortschritt und haken Sie Erledigtes ab. Gute Zeitpunkte dafür sind die Meilensteine: Planen Sie von Anfang an Zeitpuffer ein. Kontrollieren Sie dann jeweils, ob Ihr Zeitplan noch realistisch ist oder Sie auf Plan B umsteigen müssen.

Reflektieren Sie, welche Schreibstrategien gut funktionieren und gestehen Sie sich ein, wenn etwas gar nicht klappt. Durch dieses Innehalten geben Sie sich immer wieder die Möglichkeit, Ihre Arbeitsweise zu optimieren und bewahren die Kontrolle über Ihr Schreibprojekt, statt vergeblich „weiterzuwursteln".

Nichts ist komplett planbar. Es kommt immer anders, als geplant, also rechnen Sie mit Unvorhersehbarem! Gerade in dicht geplanten Arbeitsphasen und kurz vor einer Deadline passieren oft außergewöhnliche „Katastrophen". Rechnen Sie damit, dann sind Sie weniger überrascht und können Vorbereitungen treffen: Was lassen Sie im Notfall weg? Was ist am Wichtigsten? Wen können Sie um Hilfe bitten? Was können Sie delegieren? Was gönnen Sie sich als Stärkung in Krisenzeiten?

Werfen Sie am Ende noch einmal einen kritischen Blick auf den aktualisierten Zeitplan: Macht der Plan Sinn für Sie? Ist er machbar? Zu welchem Preis?

Wenn alles gut funktioniert, freuen Sie sich und gönnen Sie sich die geplanten Puffer als wohlverdiente Pausen!

Den inneren Schweinehund trainieren

Sich selbst überlisten, auch ohne Selbstdisziplin!

Tipp 10

Selbstvorwürfe aufgrund mangelnder Selbstdisziplin nutzen wenig – um gute Vorsätze durchzuhalten, fehlt eben genau die Selbstdisziplin! Ihren „inneren Schweinehund" während Ihres Schreibprojektes an die Leine zu nehmen, ist nicht einfach. Einiges an Training ist nötig, damit er richtig gut erzogen wird.

Dafür gibt es sieben Grundsätze

1. Kleine Fortschritte vornehmen: Ihr innerer Schweinehund hat keine große Ausdauer, er muss immer mit kleinen Belohnungen motiviert werden. So schaffen Sie mit ihm Schritt für Schritt auch komplexe Aufgaben.

2. Konditionierung funktioniert: Wenn Sie oft genug etwas Positives damit verbunden haben, macht jede Tätigkeit mehr Spaß: Kombinieren Sie immer Unangenehmes mit Angenehmem.

3. Überfordern Sie Ihren Schweinehund nicht: Wenn Sie Ihre Vorsätze wieder nicht eingehalten haben, nehmen Sie sich weniger vor – nicht mehr. Dann nehmen Sie auch diese Hürde!

4. Deadlines: Die „Last-Minute-Energie" versetzt Berge. Ohne Deadlines würden viele Dinge niemals fertig werden. Zeitnahe Deadlines wirken am besten!

5. Ruhe unter Zeitdruck: Ein Sprichwort lautet: „Wenn du in Eile bist, gehe langsam". Wenn Sie zu hektisch werden, flippt Ihr innerer Schweinehund aus und verweigert komplett.

6. Verbindliche Konsequenzen: Das Problem an selbst erstellten Plänen ist die fehlende Verbindlichkeit. Wenn Ihr Schweinehund treuherzig schaut, drücken Sie leicht ein Auge zu. Steigern Sie die Verbindlichkeit Ihrer Deadlines, indem Sie sie mit peinlichen Konsequenzen verknüpfen: Vereinbaren Sie Termine mit anderen Personen für Feedback oder schließen Sie Wetten um empfindliche Einsätze ab.

7. Loben Sie Ihren Schweinehund: Der innere Unwillen zeigt oft, dass Ängste im Hintergrund bestehen. Füttern Sie Ihren Schweinehund regelmäßig mit Anerkennung, dann trauen Sie sich leichter an die nächste Herausforderung.

Tipp 11 | Große und kleine Belohnungen
Planen Sie das Danach davor!

Belohnungen in weiter Ferne klingen zwar gut, treiben uns aber nur wenig an. Je ferner die zukünftigen Lorbeeren, desto weniger sind wir motiviert etwas zu tun. Allerdings: Je größer die Belohnung, desto besser ist sie auch aus der Ferne sichtbar. Überlegen Sie daher, für lang dauernde Schreibprojekte schon von Anfang an, was Sie sich nachher als Belohnung gönnen werden. Je größer die Herausforderung, desto größer darf auch die Belohnung sein.

Sehr nahe Verlockungen in Reichweite verstellen uns allerdings oft den Blick auf den Riesengewinn in weiter Ferne. Unsere Motivation steigt umso steiler an, je näher die Belohnung ist. Darum schaffen wir kurz vor der Deadline noch erstaunlich viel, andererseits ziehen wir oft einen kleinen kurzfristigen Gewinn großen Zielen in weiter Ferne vor (wie den schnellen Nachspeisengenuss jetzt der Traumfigur in einem Jahr).

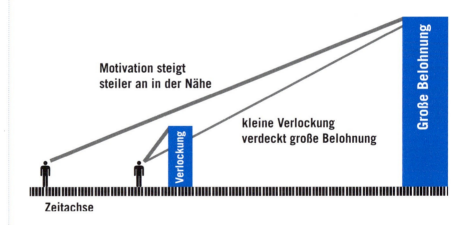

Platzieren Sie daher auch während Ihres Schreibprojektes viele kleine Zwischen-Belohnungen. Selbst kleine Schritte sind wichtig und eine Belohnung wert. So machen Sie den vielen verlockenden Ablenkungen selbst Konkurrenz. Überlegen Sie schon vorher, wie Sie sich belohnen, je konkreter und außergewöhnlicher, desto besser. Bei einem Durchhänger können Sie sich damit vielleicht wieder motivieren.

2. IDEEN FINDEN UND FÜR DAS BESTE THEMA ENTSCHEIDEN

Wenn es darangeht, ein Thema für ein Forschungs- oder Schreibprojekt zu finden, brauchen Sie gute Ideen. In Schule und Studium müssen diese nicht „neu" sein, sondern wissenschaftlich bearbeitbar und vor allem machbar für Sie. In der Berufswelt und Forschung sind tatsächlich neue Einfälle gefragt. Wenn Sie wählen dürfen, suchen Sie auf jeden Fall ein Thema, das Sie interessiert oder Ihnen sogar Spaß macht. Die Arbeit wird Ihnen dann viel leichter fallen.

Gute oder gar neue Themen zu finden, ist nicht so leicht. Und sich dann zwischen unterschiedlichen Themenideen zu entscheiden, welche Sie tatsächlich auswählen, ist oft noch schwerer. In diesem Kapitel finden Sie nützliche Tipps, um kreative Ideen für Themen zu generieren, zu bewerten und Ihnen die Entscheidung für ein Thema zu erleichtern.

Tipp 12

Raum für Kreativität schaffen
Wie Sie gute Ideen ans Licht locken

Gute Ideen verstecken sich immer und überall – und darum finden Sie meistens genau dann keine, wenn Sie dringend Ideen haben wollen. Wie Sie Ihre besten Ideen hervorbringen, müssen Sie individuell herausfinden. Kreativität lässt sich zwar nicht erzwingen, aber unter gewissen Rahmenbedingungen sind Sie einfach kreativer. Aber welche Bedingungen sind das?

Finden Sie heraus, in welchen Situationen Sie Ihre besten Einfälle haben:

Bei einer Plauderei mit FreundInnen? Wenn Sie einen anregenden Vortrag oder Film genossen haben?

Beim Lesen? Unter der Dusche? Bei einem Spaziergang im Grünen? Im Urlaub am Strand, wenn Sie ganz relaxed sind?

Oder wenn Sie unter Zeitdruck schnell etwas Präsentables schaffen sollen? Wenn Sie spontan etwas erklären oder erzählen müssen?

Mehrere Forschungsrichtungen versuchen herauszufinden, unter welchen Bedingungen vermehrt innovative Ideen entstehen. Folgendes erscheint wichtig, um Ihre Kreativität zu steigern:

- **viel Freiheit, Zeit und Raum,** um ohne Einschränkungen und hohe Erwartungen zu sinnieren,

- ein **anregendes Ambiente**, was auch immer Sie persönlich inspiriert: vom belebten Kaffeehaus über den altmodischen Lieblingsschreibtisch bis zum ruhigen Platz im Grünen ist alles möglich.

- **Zeitdruck** kann manchmal stimulierend wirken, vor allem für Perfektionisten.

- **Austausch** mit anderen, Gespräche und anregendes Feedback.

- **Stimulierender Input**, der Ihre Fantasie beflügelt, spannende Vorträge, Texte, Filme oder Bilder oder etwas, das Sie im Alltag erlebt oder gehört haben.

- **Etwas anderes Kreatives tun**: Bilder malen, Gedichte schreiben, Musik machen – Einstein spielte angeblich immer Geige, wenn er in seinen theoretischen Überlegungen nicht weiter kam, dabei hatte er wieder neue Ideen.
- **Perspektivenwechsel.** Überlegen Sie: Was wäre ein interessantes Thema, wenn …

Ihr Gehirn arbeitet intensiv an Themen, die Ihnen wichtig sind, auch wenn Sie bewusst ganz woanders sind oder schlafen. Irgendwann fügen sich die Dinge dann unbewusst zu einem Ganzen zusammen und drängen ins Bewusstsein – Sie haben eine Idee!

Fokussieren Sie also, wozu Sie gerne ein paar Einfälle hätten, aber denken Sie nicht immer bewusst daran, Ihr Gehirn arbeitet oft besser alleine! Schaffen Sie aber Rahmenbedingungen, die Ihrer Kreativität förderlich sind.

Wenn Sie erste Ideen haben, gehen Sie freundlich mit ihnen um. Sonst trauen sich weitere Ideen nicht aus ihren Verstecken. Zuerst kommen oft die dreistesten Einfälle, notieren Sie alle wertschätzend, dann kommen nach und nach immer mehr Einfälle ans Licht, darunter vielleicht auch die eine geniale Idee für Ihr Thema.

Tipp 13 — Gedanken in Schwung bringen

Bewegung aktiviert Ihren Geist

Sie kennen vielleicht das Gefühl: Nichts geht mehr, keinerlei Einfälle, gähnende Leere im Hirn. Aus diesem Stillstand müssen Sie wieder in Bewegung kommen. Wenn Sie sich körperlich bewegen, setzen Sie auch Ihre Gedanken in Gang. Gerade wenn Sie Ideen finden wollen, stehen Sie auf, gehen Sie hin und her oder gehen Sie hinaus laufen oder Radfahren. Viele große DenkerInnen berichten, dass Sie Ihre besten Einfälle beim Spazierengehen hatten.

Wenn Sie sich im Freien bewegen, haben Sie einen weiteren Pluspunkt: Auch rund um Sie herrscht Aktivität und nicht Stillstand, wie zu Hause am Schreibtisch. Sogar der Blick auf etwas Bewegtes, einen Fluss oder Wasserfall oder im Wind rauschende Blätter, versetzt unseren Geist in Schwung. Genauso anregend wirkt es, beschwingte Musik zu hören oder selbst zu musizieren.

Wenn Sie körperlich „ins Tun kommen", bewegen Sie sich oft auch gedanklich weiter. Damit keine spontan angekurbelten Ideen verloren gehen, sollten Sie für eine Möglichkeit sorgen, Einfälle festzuhalten. Altbewährt ist dafür ein kleines Notizbuch plus Stift in der Tasche oder Sie sprechen die Ideen einfach, während Sie in Bewegung bleiben, auf Band – fast alle modernen Handys haben schon Sprachaufnahmefunktionen und Headsets.

Beschatten Sie Ihr Thema!

Tipp 14

Im Journal ein Spuren-Portfolio sichern

Haben Sie einmal spannende Themen gefunden, müssen Sie sich darin zurechtfinden wie ein Detektiv. Kruse (2001) empfiehlt, ein Thema zu beschatten wie einen verwirrenden Kriminalfall: Alles, was irgendwie mit Ihrem Thema in Verbindung steht, ist wichtig, jedes Detail, jede Spur, jeder Hinweis wird festgehalten. Dafür eignet sich am besten ein Journal oder Portfolio, indem Sie alle Spuren sichern und Zusammenhänge und Vermutungen festhalten wie DetektivInnen in einem Notizbuch.

Legen Sie sich zu jedem Thema ein eigenes Journal an, das kann ein Online-Dokument oder Ordner, ein professionelles e-Portfolio oder einfach ein kleines Heft oder Büchlein sein. Sinnvollerweise sollte es Ihnen immer zur Verfügung stehen. Die besten Einfälle kommen häufig unerwartet und lösen sich wieder auf, wenn man sie nicht festhält. Viele ForscherInnen und SchriftstellerInnen führen ihr Journal während ihres gesamten Forschungs- oder Schreibprojektes. Wenn Sie später nicht weiter wissen sollten, finden sich in Ihren Aufzeichnungen Ideen und wertvolle Hinweise, um wieder loszustarten. Das Journal dient als Spurensicherung und Ideenspeicher – ein wertvoller Fundus, auf den Sie immer zurückgreifen können.

Was kommt alles in Ihr Journal?

Ihre Spuren und Materialsammlung:	Ihre Ideen und Gedankensammlung:
• Zeitungsausschnitte, Websites, Fernsehberichte, Blogs, Links	• Gedanken und Einfälle zum Thema, Eindrücke, Beobachtungen
• Beispiele, Definitionen, Stichwörter	• Ideenlisten und To-Do-Listen
• Bilder, Schemata	• Skizzen, Zeichnungen
• Diagramme, Tabellen, Quellen,	• Entwürfe, Gliederungen, Mindmaps
• Namen von Instituten, ForscherInnen, Universitäten, Personen, die mit dem Thema zu tun haben	• Fragen und Antworten, Probleme, die auftauchen, Reflexionen und Bilanzen
• Tipps, Gesprächsnotizen, Zitate	• Clusterings, Assoziationen
• Texte, Büchertitel, Journale	• Mindwritings, eigene Texte
• Vorträge, Vorlesungen	• Diagramme und Notizen
• Meinungen, Argumente, Bewertungen anderer	• Eigene Bewertungen, Urteile und Meinungen
• Erfahrungen anderer	• Ihre Erfahrungen

 Sammeln Sie zu Beginn alles, was irgendwie in Zusammenhang mit Ihrem Thema steht, um sich ein umfassendes Bild machen zu können – auch aus nichtwissenschaftlichen Quellen. Sprechen Sie mit Leuten über ihr Thema, konsumieren Sie Spielfilme, Radiosendungen und Internetquellen dazu, denken Sie in Ihrem Journal auch über Ihr Thema nach und halten Sie Ihre Einschätzungen fest. Jede Kleinigkeit könnte zur zündenden Idee für ein Thema oder eine Fragestellung werden. Wie ein Detektiv werden Sie später nur vielversprechenden Hinweisen gezielt nachgehen.

Aufhänger für Ihre Themensuche
Mit welchen Fragen Sie starten sollten

Tipp 15

Damit Ihre Themensuche ergiebig wird, brauchen Sie einen guten Aufhänger, am besten eignen sich Fragen. Versuchen Sie folgende Fragen als Startpunkt für Ihr Themenbrainstorming:

- Welche Themen haben Sie zuletzt begeistert?
- Was finden Sie überraschend? Was hat Sie verwundert?
- Was finden Sie spannend? Worauf sind Sie neugierig?
- Welche Veränderungen beschäftigen Sie in letzter Zeit?
- Was ist Ihnen in letzter Zeit komisch vorgekommen? Woran zweifeln Sie?
- Was macht Sie wütend, traurig oder besorgt?
- Welche Fragen haben Sie sich in letzter Zeit gestellt?
- Worüber wollten Sie schon immer etwas erzählen?
- Worüber wollten Sie schon immer mehr wissen?
- Was wollten Sie schon immer kennen, tun oder ändern?
- Welche scheinbar unabhängigen Dinge könnten einander beeinflussen? Wie?
- Welche Erklärungen oder Kausalitäten könnten Sie in Frage stellen? Warum?
- Aus welcher neuen Perspektive würden Sie gerne einen Gegenstand betrachten?
- „Was wäre wenn …?" Lassen Sie Ihrer Fantasie freien Lauf!

Suchen Sie sich eine oder mehrere dieser Anregungen aus und verwenden Sie sie als Ausgangspunkt in diversen Brainstorming-Methoden **(Tipp 17 – Themen-Brainstorming bis Tipp 18 – Mindwriting)**. Oder diskutieren Sie darüber mit FreundInnen und KollegInnen. In der Gruppe ist Ideenfindung meist effizienter. Die Anregungen und Perspektiven anderer sind Anstoß für Ihre eigenen Gedanken und umgekehrt.

Tipp 16 | Visionsreise

Lassen Sie sich von der Zukunft inspirieren

Bitten Sie jemanden, Ihnen folgenden Text laut vorzulesen oder sprechen Sie Ihn zuerst auf Band und hören Sie sich die Aufzeichnung später mit geschlossenen Augen an. Legen Sie sich vorher Stifte und Papier oder andere Materialien zurecht, damit Sie am Ende unmittelbar ohne Pause festhalten können, was die Visionsreise hervorgebracht hat. Setzen Sie sich bequem hin, schließen Sie die Augen und lauschen Sie:

„Sie schließen die Augen und lehnen sich zurück. Sie sitzen ganz locker und entspannt. Sie sind ganz bei sich und sehen sich selbst ganz klar. Sie sehen Ihre Stärken und spüren, wo Sie Unterstützung brauchen. Sie schauen tief in sich hinein und sehen in sich Ihre Potentiale, die in Ihnen wachsen wie junge Pflänzchen. Sie spüren die Kraft, die in Ihnen steckt und freuen sich daran.

Langsam ziehen Sie Ihren Blick wieder zurück und betrachten sich nun von außen, aus der Zukunft. Sie sehen nun die Person, die ihr Schreibprojekt erfolgreich vollendet hat. Sie schauen sich als AutorIn an und sehen, wie Sie lächeln. Sie haben einen tollen Text geschrieben und Ihr Text liegt jetzt ausgedruckt, sogar gebunden, vor Ihnen. Sie riechen die Druckerschwärze und fühlen das glatte Papier. Sie sind zu Recht stolz auf sich und Ihr Werk! Rund um Sie sind viele liebe FreundInnen, KollegInnen und Verwandte, die sich mit Ihnen freuen und Ihnen gratulieren. Alle sind stolz, dass Sie das Schreibprojekt so gut hinbekommen haben. Ein paar der Anwesenden stoßen auf Sie an und prosten Ihnen zu. Heute feiern Sie gemeinsam, dass Sie Ihr Schreibprojekt erfolgreich abgeschlossen haben. Alle sind gut gelaunt und bewundern Ihr Werk und Sie als AutorIn.

Jemand, den Sie ganz besonders mögen, klopft ihnen anerkennend auf die Schulter und gratuliert Ihnen herzlich, Sie hätten eine tolle Arbeit geschrieben. Die Person fragt Sie, wie Sie denn auf Ihr Thema gekommen sind und Sie erzählen ihr voll Freude, was an Ihrem Thema so interessant und spannend war, was Sie untersucht haben und was Ihnen besonders Spaß gemacht hat.

Öffnen Sie nun Ihre Augen und halten Sie fest, was Sie dieser lieben Person erzählen würden!"

Sie können eine Collage aus bunten Zeitschriftenbildern machen, Ihre Erzählung einfach aufnehmen oder eine der in diesem Kapitel beschriebenen Brainstorming-Methoden verwenden. Bleiben Sie auf jeden Fall noch am selben Platz sitzen und halten Sie alle Ideen fest, die diese Visionsreise in Ihnen ausgelöst hat.

Tipp 17

Themen-Brainstorming
Free your mind!

Brainstorming kennen Sie sicher: Sie sammeln konzentriert Ideen und Assoziationen und halten alles schriftlich fest. Wichtig dabei ist es, die einzelnen Einfälle und Gedanken nicht sofort zu bewerten oder zu ordnen. Das klingt einfach, ist aber oft schwierig. Ihre innere kritische Stimme zensuriert sofort jeden Gedanken und verhindert so, dass noch unreife, aber vielversprechende Ideen festgehalten werden. Auch das Sortieren und Zuordnen passiert ganz automatisch, unterbricht aber den Ideenfluss.

Suchen Sie sich eine Frage oder einen Titel als Ausgangspunkt und starten Sie ein richtiges Brainstorming nach folgenden Regeln:

- Nehmen Sie sich dafür volle 15 Minuten Zeit oder setzen Sie sich eine Zahl als Ziel, zum Beispiel 10 Einfälle.
- Notieren Sie alles, was Ihnen dazu einfällt, am besten in einer Liste oder einem Cluster.
- Schreiben Sie jede Idee auf, zensurieren Sie nichts!
- Ordnen Sie die Begriffe nicht, sondern versuchen Sie, sich von einem Einfall für den nächsten inspirieren zu lassen.
- Wenn Ihre Gedanken abschweifen, konzentrieren Sie sich wieder auf die bereits gesammelten Punkte oder den Ausgangspunkt Ihres Brainstormings, wiederholen Sie eventuell alles laut.
- Unterbrechen Sie Ihren Gedankenfluss nicht, um etwas anderes zu tun oder etwas nachzuschlagen.
- Wenn Sie das Gefühl haben, Ihre Gedanken kommen ins Stocken, stehen Sie auf und bewegen Sie sich, ohne das Brainstorming zu unterbrechen: Körperliche Bewegung bringt auch den Geist in Schwung.
- Beenden Sie das Brainstorming nicht, bevor Sie Ihr Ziel (beispielsweise 15 Minuten oder 10 Punkte) erreicht haben.

Auch wenn Sie in der Gruppe brainstormen, achten Sie darauf, alle Assoziationen und Einfälle festzuhalten, ohne dass sie bewertend kommentiert oder sortiert werden. Ist Ihr zuvor gestecktes Ziel erreicht, können Sie Ihre Ergebnisse in aller Ruhe betrachten, abwägen und ordnen. Arbeiten Sie mit den vielversprechendsten Resultaten weiter, heben Sie sich aber alle Einfälle als Ideenspeicher auf, um gegebenenfalls darauf zurückkommen zu können.

Tipp 18 | Mindwriting – Schreiben als Denkmethode
Geben Sie Ihren Ideen Raum auf dem Papier

Menschen denken nicht nur sprachlich. Oft sind Ideen im Geist noch nicht fertig ausformuliert. Mindwriting ist eine Freewriting-Methode **(Tipp 73 – Freewriting),** um Gedanken und Ideen, die vielleicht sprachlich noch gar nicht existieren, am Papier (oder Bildschirm) entstehen zu lassen.

Dieses Denken am Papier gibt neuen Ideen Platz, egal ob sie sich später als genial oder unwichtig herausstellen. Denn Kreativität braucht Raum – dann entspringen unserem Kopf ganz von selbst neue Gedanken. Beim Mindwriting schreiben Sie nur für sich selbst und lassen Ihre persönliche Stimme zu Wort kommen. Wenn niemand anderer zuhört, werden Sie oft sehr kreativ: Sie schränken Ihren Ideenfluss nicht ein um, wie Levi schreibt, Gedanken „auf Hochglanz (zu) polieren, damit sie anderen gefallen" (Levi, 2002). Also geben Sie Ihren Gedanken Raum, unbewertet am Papier oder PC zu existieren.

Durch *Mindwriting* können Ihre Ideen direkt in Worte fließen. Damit das funktioniert, sollten Sie wie bei allen Freewriting-Varianten …

- so schreiben, wie sie denken – in Ihrer persönlichen „Denksprache",
- ohne auf Grammatik, Rechtschreibung und vollständige Sätze zu achten,
- alles auf's Papier fließen lassen und nichts zensurieren,
- sehr schnell schreiben, ohne sich zu unterbrechen,
- am besten mit der Hand schreiben.

Sie können ein Thema oder eine Frage als Ausgangspunkt Ihres Mindwritings nehmen oder einfach drauflos schreiben. Beim Mindwriting ist nicht der geschriebene Text am wichtigsten, sondern Ihren Ideen Raum zu geben, sprachlich zu entstehen. Dadurch können Sie sich selbst am Papier beim Denken beobachten und Ihre Gedankengänge reflektieren. Schauen Sie neugierig zu, was bei Ihren Mindwritings heraus kommt – vielleicht entstehen dabei ja geniale Themenideen!

Clustern Sie Ihre Ideen
Themenfelder sichtbar machen

Tipp 19

Eine andere Möglichkeit, Ideen zu sammeln ist, sie visuell mit einem Cluster festzuhalten. Clustering, von Gabriele Rico (1984) als Kreativitätstechnik erfunden, verknüpft unsere bildhaften Vorstellungen mit sprachlichem Denken. Dabei wird ganz von selbst sichtbar, welche Themenfelder sich in Ihren Ideennetzwerken verbergen.

Clustering eignet sich vor allem gut, wenn Sie das Gefühl haben, Ihre Themen sind noch verschwommen und schwer zu erfassen. Es geht dabei nicht wie beim Mindmapping **(Tipp 47 – Mindmapping: Map your mind)** darum, bereits bestehende Einfälle zu ordnen, sondern darum, einfach spontanen Assoziationen zu folgen und sie als Assoziationsnetz abzubilden. Mittels Clustering können Sie also Dinge in einen Zusammenhang bringen, der bisher noch nicht explizit sichtbar war.

Wichtig ist dabei, dass Sie auch Ihr visuelles Denken aktivieren. Und so geht's:

- Schreiben Sie als Ausgangspunkt einen Kernbegriff oder eine zentrale Frage in die Mitte eines leeren Blattes und ziehen Sie einen Kreis darum – damit rücken Sie Ihren Ausgangspunkt auch optisch in den Mittelpunkt Ihres Denkens.

- Lassen Sie Ihre Assoziation als Striche vom Mittelpunkt ausstrahlen, setzen Sie jede neue Assoziation wieder in einen Kreis, bis die Assoziationskette sich erschöpft.

- Kehren Sie dann wieder zu ein paar Stichworten oder bis zum Kern des Clusters zurück und lassen Sie sich davon ausgehend zu weiteren Assoziationsketten inspirieren.

- Versuchen Sie, nichts zu ordnen, sondern jede Assoziation dort festzuhalten, wo sie auftaucht – so erhalten Sie ein Abbild Ihres Ideennetzwerkes.

- Konzentrieren Sie sich auf Ihren Ausgangspunkt und lassen Sie Ihre Gedanken davon ausgehend in einer meditativen Gelassenheit schweifen, ohne etwas zu zensurieren.
- Wenn Sie das Gefühl haben, Ihre Assoziationen haben sich erschöpft, konzentrieren Sie sich noch ein paar Minuten weiter – oft fällt Ihnen dann doch noch etwas ganz Unerwartetes ein.

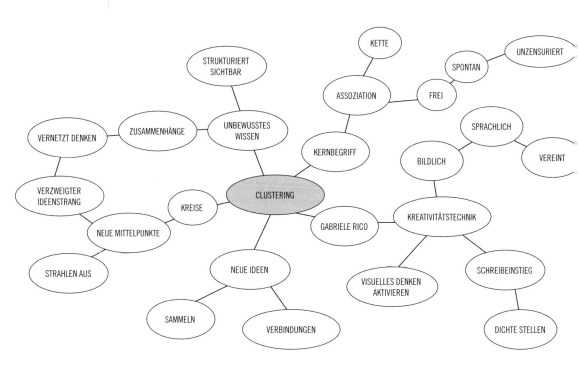

Wenn Sie Ihren Cluster betrachten, sehen Sie Verbindungen zwischen scheinbar unzusammenhängenden Details. Achten Sie auf Assoziationen, aus denen nur einzelne dünne Ideenzweige sprießen und jene, wo sich Ideen als dichte Cluster häufen: Hier verstecken sich meist die interessanten Themenfelder!

Perspektivendiagramme verschaffen Überblick
Ihre Themen aus mehreren Blickwinkeln betrachten

Tipp 20

Um sich einem Thema anzunähern, sollten Sie wissen, wo Sie jetzt stehen: Aktivieren Sie Ihr Vorwissen und sondieren Sie Ihre positiven und negativen Erwartungen jedem möglichen Thema gegenüber. Ein Perspektivendiagramm hilft Ihnen, dies systematisch anzugehen:

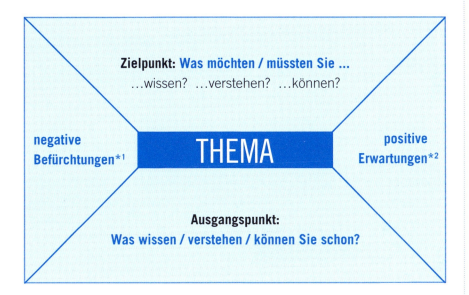

Füllen Sie die einzelnen Felder rund um Ihr Thema mit allem, was Ihnen zu den Impulsfragen einfällt:

Ausgangspunkt – Stellen Sie sicher, wo Sie starten: Welches Vorwissen haben Sie bereits? Was haben Sie schon verstanden, sich erarbeitet? Was können Sie schon? Welche Ressourcen haben Sie zur Verfügung? Was können Sie nutzen und wen kennen Sie? Wie verlässlich und welcher Art sind Ihre Quellen? Was haben Sie anderen diesbezüglich voraus?

Zielpunkt – Definieren Sie, wo Sie genau hin wollen: Welches Wissen müssten Sie sich noch aneignen? Was müssten Sie sich erarbeiten? Welche Fähigkeiten erlernen? Welche Ressourcen müssten Sie organisieren?

Welche Personen finden? Welche Fragen möchten Sie beantworten und welche Antworten erwarten Sie? Was wäre zuviel, was wollen und können Sie nicht erreichen?

Negative Erwartungen – Nennen Sie Ihre negativen Erwartungen beim Namen: Was stört Sie an diesem Thema? Was befürchten Sie, dass passieren könnte? Wie begründet sind diese Ängste? Welche Schwachpunkte konnten Sie bei sich feststellen? Was trauen Sie sich nicht zu? Wobei brauchen Sie Hilfe? Welche schlechten Erfahrungen haben Sie in diesem Bereich bereits gemacht? Wie wahrscheinlich passiert so etwas wieder? Wie könnten Sie das verhindern?

Positive Erwartungen – Satteln Sie Ihre Zugpferde: Was motiviert Sie, an diesem Thema zu arbeiten? Was erscheint Ihnen persönlich wichtig oder interessant daran? Was könnten Sie tun, wenn Sie dieses Thema wählen? Was würde Ihnen dabei Spaß machen? Was erhoffen Sie sich davon? Warum eignet sich dieses Thema gerade für Sie besonders? Welche Ihrer Stärken würden dabei zu Tragen kommen?

Machen Sie zu jedem möglichen Thema ein Perspektivendiagramm. So können Sie klar vergleichen und abwägen, was für oder gegen ein Thema spricht. Damit fällt die Entscheidung für Ihr optimales Thema um einiges leichter!

Der Ideentrichter

Tipp 21

Themenvielfalt reduzieren

Wie wählen Sie die passendste Idee, das beste Thema für Ihr Schreibprojekt aus? Stellen Sie sich einen Trichter mit mehreren Abschnitten vor, in dem Sie Ihre Einfälle einem Selektionsprozess unterziehen. Wie beim Schnapsbrennen wird eine große Menge gesammelter Früchte auf wenige, dafür hochprozentige Tropfen reduziert:

1. Lassen Sie nur die Themen in Ihren Ideentrichter, die Sie bereits konkretisiert haben, jene, bei denen Sie schon einen Überblick haben. Selektieren Sie dann nach unterschiedlichen Kriterien: Einfach handzuhaben für Sie, besonders spannend, bereits gute Voraussetzungen vorhanden, nützlich für später, könnte Spaß machen, etc ...
2. Die Themen, die es in die zweite Trichterstufe geschafft haben, sollten Sie nun genauer recherchieren **(Tipp 34 – Recherchespirale)**. Gibt es genügend Material? Wenn ja, zu welchen Teilbereichen? Welche Fragestellungen sind innerhalb dieses Themas möglich? Welche davon spannend? Mit welchen Methoden könnten Sie das Thema bearbeiten? Welche davon liegen Ihnen? Wer könnte dieses Thema betreuen?
3. Nur wenige Teilbereiche der vorselektierten Themen sollten es in den schmalen letzten Abschnitt des Ideentrichters schaffen. Drehen Sie nun die Recherchespirale noch tiefer und sondieren Sie das verfügbare Material zu jeder Möglichkeit genau. Verwerfen Sie unrealistische, sehr mühsame und uninteressantere Varianten.

Mit dieser Vorauswahl haben Sie eine gute Basis, um aus Ihren Themenvarianten gute Forschungsfragen zu destillieren.

Tipp 22 — Themenentscheidung treffen
Die erste Entscheidung von vielen

Oft fällt es schwer, sich nach einer ausgiebigen Ideensammlung für ein Thema zu entscheiden. Schließlich haben Sie erst mühsam so viele Möglichkeiten zusammengesucht! Streichen Sie die Themen, die diesmal nicht zum Zug kommen darum nicht für immer. Horten Sie Ihre Ideen für später, dann können Sie bei zukünftigen Projekten aus dem Vollen schöpfen und das „Loslassen" fällt leichter.

Gerade wenn Sie ein Themenfeld sehr begeistert, ist es schwierig, sich für ein einzelnes kleines Thema zu entscheiden. Dass Ihnen ein Thema interessant erscheint, reicht nicht aus, damit es für eine fachliche oder wissenschaftliche Bearbeitung geeignet ist. Es muss auch mit den Ihnen zugänglichen Materialien und Methoden in der zur Verfügung stehenden Zeit bearbeitbar sein. Dabei kann es laut Kruse unterschiedliche Schwierigkeiten geben:

- Manche Themen sind bereits so intensiv bearbeitet, dass sich kaum etwas Neues dazu sagen lässt, obwohl Sie in Literatur ertrinken.

- Bei aktuellen Modethemen müssen Sie ebenfalls aus Unmassen von Literatur Relevantes aussortieren, ohne sich von aktuellen Meinungen blenden zu lassen.

- Spannende neue Themen sind hingegen oft schwierig zu bearbeiten, weil es zu wenige Daten und Literatur gibt oder Ihnen keine geeignete Methode zugänglich ist.

- Bei interdisziplinären Themen ist es oft schwer, geeignete BetreuerInnen zu finden.

- Sehr abstrakte Themen sind nur etwas für philosophisch Geübte, denn die Gefahr ist groß, sich im Kreis zu bewegen und auf keinen grünen Zweig zu kommen.

- Zu persönliche Themen erschweren Ihnen vielleicht eine objektive Betrachtungsweise, weil Sie emotional sehr involviert sind. Andererseits steigern solche Themen Ihre Motivation.

Geben Sie sich einen fixen Termin, bis zu dem Sie alle Aspekte ausführlich durchdenken. Treffen Sie dann eine Entscheidung und gehen Sie in die nächste Phase der Themeneingrenzung. Zu langes Zaudern wird Ihr Schreibprojekt in die Länge ziehen, denn Sie werden noch viele weitere Entscheidungen treffen müssen: Für eine Forschungsfrage, eine Methode, für oder gegen verschiedene Gliederungsvarianten, Literaturquellen, Abbildungen, Zitate bis hin zur Wahl zwischen unterschiedlichen Satzvarianten, sprachlichen Formulierungen oder Begriffen und Layoutformen.

Je genauer Sie die Wahlmöglichkeiten vor sich haben, desto leichter wird Ihnen die Entscheidung fallen. Sollten Sie viele gleichwertige Optionen haben, tauschen Sie sich zunächst mit erfahrenen KollegInnen oder Ihren BetreuerInnen aus und folgen Sie dann einfach Ihrem Bauchgefühl!

3.
VOM THEMA ZUR FRAGESTELLUNG

EINGRENZEN AUF EINE (VOR-)WISSENSCHAFTLICHE ZIELSETZUNG

Ein Themenbereich ist für eine (vor-)wissenschaftliche Bearbeitung noch zu wenig: Sie brauchen eine präzise Fragestellung oder Zielsetzung. Aschemann-Pilshofer (2005) empfiehlt, eine klare Forschungsfrage zu entwickeln, um die Ihre gesamte Arbeit aufgebaut werden kann – als roter Faden auf dem Weg zur Antwort!

Eine wissenschaftliche Fragestellung umfasst bereits die Idee, wie und womit Sie Antworten finden oder Ihr Ziel erreichen wollen. Sie sollte entsprechend genau formuliert werden. Sie definieren damit die Art Ihres Schreibprojekts und setzen den Grundstein für seine erfolgreiche Umsetzung.

In diesem Kapitel finden Sie Tipps und Impulsfragen, um Ihr Thema auf eine für Sie handhabbare Zielsetzung einzugrenzen und eine gute Fragestellung für Ihr Schreibprojekt zu finden.

Tipp 23 — Erkunden Sie die Details

Sich im Thema gut auskennen

In der Themenfindungsphase war es wichtig, in die Breite zu gehen, sich einen Überblick zu verschaffen, um sich für einen kleinen Themenbereich entscheiden zu können. Nun müssen Sie in die Tiefe gehen: Erkunden Sie nun die unterschiedlichen Details und Aspekte Ihres Themas genau, damit Sie eine differenzierte Fragestellung und Ihre spezifische Herangehensweise entwickeln können.

Um herauszufinden, was dieses Thema für Ihr Schreibprojekt zu bieten hat, gehen Sie nun mit Ihrer Recherche weiter in die Tiefe **(Tipps 34 und 44)**. Die folgende Tabelle ist nützlich, um gefundene Indizien nach Kategorien einzuordnen und besser beurteilen zu können:

Untersuchungen und Erhebungen	Analysen und Erörterungen	Diskurse und Positionen	Erkenntnisse und Schlussfolgerungen
Beobachtungen & Beschreibungen	Modelle, Konzepte	Vorannahmen, Paradigmen, Überzeugungen	Antworten
Dokumentationen	Hierarchien, Strukturen, Kategorien	Positionen, Standpunkte, Meinungen	Lösungen
Beispiele, Fälle	Prozesse, Abläufe, Zusammenhänge	Metaphern, Deutungen, Interpretationen	Definitionen, Erklärungen, Schlussfolgerungen
Studienergebnisse	Auswertungen	Prämissen, Argumente, Konklusionen	Ursachen, Folgen, Auswirkungen
Zahlen & Daten	Vergleiche, Gemeinsames, Unterschiede	Thesen, Hypothesen	Anleitungen
Methoden, Experimente, Strategien	Kausalitäten, Begründungen	Zielsetzungen, Schwerpunkte	Anwendungen, Umsetzungen
Techniken, Programme, Werkzeuge	Grenzen, Reduktionen		Künstlerische Werke
Forschungsgruppen, AutorInnen oder ExpertInnen	Ausnahmen, Verallgemeinerungen		Theorien
			Neue Fragestellungen

Wenn Sie recherchieren und Details sichten, versuchen Sie, gleich zu differenzieren, was in welche Kategorie gehört. Oft ist die Unterscheidung zwischen Beschreibungen und Interpretationen, Begründungen und Meinungen gar nicht so leicht. Bilden Sie gegebenenfalls noch zusätzliche Kategoriensysteme, je nach Thema, um alle Einzelheiten ins richtige Licht zu rücken. Durch eine solche Ordnung bekommen Sie einen guten Überblick und finden leichter einen Ansatzpunkt für Ihre Fragestellung oder identifizieren gar eine Forschungslücke!

Tipp 24 | Forschungslücken und „Soft Spots"
Angriffspunkte für Ihr Thema finden

In den Wissenschaften geht es immer um Erkenntnisgewinn. Neue Forschungen setzen daher immer dort an, wo der aktuelle Wissensstand noch lückenhaft ist. Man sucht eine Forschungslücke. Um so einen „Blind Spot" im Informationsdickicht zu finden, stellen Sie sich am besten folgende Fragen:

Welche Ursachen kennen wir nicht?

Welche Wirkungen sind noch nicht erforscht?

Welche Zusammenhänge wurden noch nicht untersucht?

Was könnte miteinander zu tun haben?

Welche Widersprüche und Ungereimtheiten gibt es?

Was passt nicht zusammen?

Was gehört geklärt?

Wofür gibt es noch keine Lösungen oder Antworten?

Was könnten Sie überprüfen?

Was würden Sie gerne wiederholen?

Was passiert anders, als es sollte?

Was ist neu, was hat sich verändert?

Wie könnte man etwas anders machen?

Was wurde noch nicht getan oder ausprobiert?

Was wurde noch nicht praktisch angewandt?

Welche Möglichkeiten und Potentiale sehen Sie?

Wenn Sie keine wissenschaftliche Arbeit schreiben oder nichts Neues herausfinden wollen, müssen Sie keine echte Forschungslücke identifizieren, sondern einen „Soft Spot", eine Stelle, an der Sie Ihr Thema gut greifen können. Überlegen Sie, was Ihnen an speziellen Ressourcen zur Verfügung steht, welche speziellen Zugänge oder Erfahrungen Sie haben, mit denen Sie dieses Thema erschließen könnten. Am besten wählen Sie einen Gesichtspunkt, der Ihnen leicht fällt **(Tipp 30 – Projektart auswählen)**. Oder etwas, das Ihnen besonders gefällt, Sie persönlich interessiert, etwas, das Sie überrascht und fesselt.

Formulieren Sie Ihre Fragestellung

Mit W-Fragen Ihr Schreibprojekt erfassen

Tipp 25

Als JournalistIn stellen Sie sich immer zuerst die klassischen W-Fragen. Auch zum Erarbeiten Ihrer Fragestellung in fachlichen oder wissenschaftlichen Schreibprojekten sind die mit W beginnenden Fragen nützlich:

Wer? Wer ist Gegenstand Ihrer Untersuchungen? Wen, welche Personen, Personengruppen oder Objekte wollen Sie untersuchen, welche Sachverhalte, Theorien, Begründungen oder Zusammenhänge beschreiben, verwenden oder darlegen?

Wann? Über welchen Zeitraum oder zu welchen Zeitpunkten wollen Sie Ihren Gegenstand betrachten? Welche relevanten Phasen wollen Sie darstellen oder analysieren?

Wo? Auf welche Regionen wollen Sie Ihren Blick richten? Welche lokalen Ausprägungen Ihres Gegenstandes wollen Sie untersuchen?

Wie? Wie wollen Sie sich Ihrem Gegenstand nähern, ihn bearbeiten, untersuchen, erforschen? Wie Ihr Ziel erreichen? Welche Methoden stehen Ihnen dafür zur Verfügung?

Womit? Welche Ressourcen und Materialien wollen Sie benutzen? Mit welcher Literatur, welchen Daten arbeiten? Von welchen Grundannahmen gehen Sie dabei aus?

Warum? Was steckt dahinter? Welche Motivationen oder Kausalitäten? Was hat dazu geführt? Welche Faktoren waren beteiligt?

Wozu? Welchen Sinn hat das? Wohin führt etwas? Wieso ist das relevant? Welche Folgen könnte etwas haben? Was resultiert daraus? Was bedeutet es für die Zukunft? Für das Fach?

Was? Was genau wollen Sie herausfinden, erarbeiten, darstellen, aufzeigen, produzieren, erforschen, untersuchen, analysieren, wiederholen, überprüfen, hinterfragen?

Nachdem Sie sich über alle W-Fragen im Klaren sind, können Sie alle bisherigen Fragen in der abschließenden Was-Frage bündeln:

Sie wollen auf eine bestimmte Art und Weise **(Wie?)** mit spezifischen Materialien **(Womit?)** über Ihren Forschungsgegenstand **(Wer?)** zu einem Zeitpunkt **(Wann?)** und an einem Ort **(Wo?)** etwas **(Was?)** und dessen Hintergründe **(Warum?)** herausfinden und das zu einem bestimmten Zweck **(Wozu?)**. Schon ist Ihre Fragestellung fertig!

Tipp 26 — Themenpyramide bauen
Präzisieren Sie Ihr Thema Schritt für Schritt

Die Themeneingrenzung auf eine konkrete Forschungsfrage, die klein genug ist, um sie wissenschaftlich genau zu betrachten, funktioniert am besten in vielen kleinen Schritten. Schmitz und Zöllner (2007) empfehlen dabei, wie beim Bau einer Pyramide vorzugehen: Von der breiten Basis des Themenbereichs ausgehend grenzt man auf jeder Stufe nach einem anderen Gesichtspunkt weiter ein. So wird die Fragestellung nach oben hin immer schmäler. Gleichzeitig wird, wie bei einer am Kopf stehenden Pyramide, der Wortlaut einer Frage immer länger: Ausgehend von einem Fachbegriff kommt man so Schritt für Schritt zu einer präzisen Fragestellung.

Wie in der Abbildung ersichtlich wird auf jeder Ebene eine eingrenzende Entscheidung getroffen – etwa auf eine Person, bestimmte Quellen, Zeiträume oder Regionen. Dabei helfen auch die Fragen aus **Tipp 25.**

Engen Sie Ihr Thema von unten nach oben nach den jeweiligen Kriterien ein und präzisieren Sie parallel dazu Ihre Formulierung:

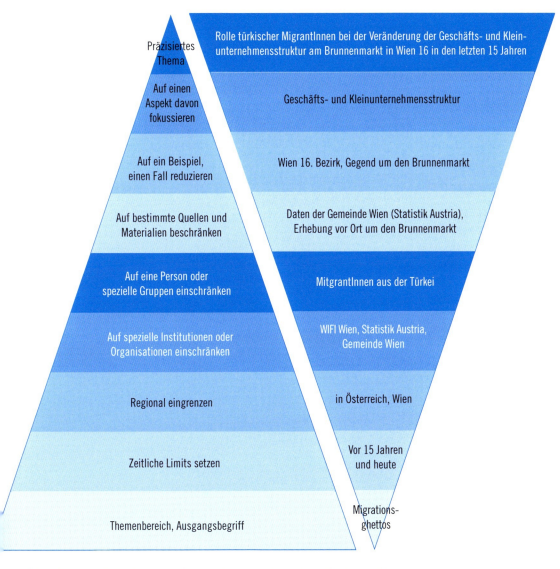

Manche der Kriterien zur Einschränkung sind nicht für jedes Thema sinnvoll. Aber wenn Sie es anhand der meisten der sieben Gesichtspunkte eingrenzen, kommen Sie leichter zu einem gut überschaubaren Thema!

Tipp 27 — Das Triangelmodell
Die drei Eckpunkte Ihres Schreibprojektes

Für ein gelungenes wissenschaftliches Schreibprojekt brauchen Sie nicht nur eine gute Ausgangsfrage, sondern bereits eine Vorstellung davon, wie und womit Sie diese Frage beantworten werden. Auch der Aufbau vieler wissenschaftlicher Arbeiten folgt dieser Dreigliederung: Forschungsfrage – Methode – Material. Ohne diese Eckpunkte können Sie kein Forschungsprojekt einreichen und auch kein annähernd (vor-)wissenschaftliches Schreibprojekt durchführen.

Lotte Rienecker (2003) beschreibt mit ihrem *Triangelmodell* die drei Eckpunkte einer guten Forschungsfrage:

WAS?
...wollen Sie herausfinden oder erarbeiten?
Ihre Ausgangsfrage

Ihr Schreibprojekt

WOMIT?	**WIE?**
...wollen Sie die Frage beantworten, das Projekt umsetzen?	...wollen Sie die Frage beantworten, das Projekt umsetzen?
Sammeln Sie hier alle Materialien, Ressourcen, Untersuchungsobjekte, Daten und Informationen, MIT denen Sie etwas machen:	Notieren Sie hier alle methodischen Tätigkeiten, die Sie durchführen, was Sie WIE tun, um Ihre Fragestellung zu erarbeiten:
Literatur und Quellen, die Sie heranziehen, Personen, die Sie befragen, Objekte, Forschungsgegenstände und Materialien, die Sie verwenden, bearbeitete Daten und Beobachtungen, methodische Werkzeuge, die Sie einsetzen, angewandte Konzepte und Modelle	Lesen und paraphrasiert darstellen, gegenüberstellen, vergleichen, auswählen, interviewen, beobachten, beschreiben, sammeln und auswerten, Vorgehensweise dokumentieren, theoretische Ansätze, auf die Sie zurückgreifen, Experimente

Jede Ausgangsfrage können Sie mit unterschiedlichen „WIEs" und „WOMITs" bearbeiten. Sammeln Sie zunächst viele unterschiedliche methodische Möglichkeiten und verschiedenste Materialien und Ressourcen für Ihre Ausgangsfrage. Schauen Sie, wie alles zusammengehört und was Ihnen am meisten liegt. Beim Ausloten des WIEs und WOMITs wird bald sichtbar, ob die Fragestellung noch recht ungenau ist – dann fällt es Ihnen schwer, spezifische Materialien und Methoden aufzulisten. Tüfteln Sie einfach drauf los!

Tipp 28 — Methodenvielfalt erkennen
Viele Wege führen ans Ziel

Unter einer Methode versteht man eine systematische Vorgehensweise, um ein genau definiertes Ziel zu erreichen. Es gibt unterschiedliche Methoden für unterschiedliche Stadien und unterschiedliche Zielsetzungen eines Projektes:

Ziele	Methodenüberblick
Informationen oder Daten erheben	Exzerpieren, fragegeleitetes Lesen, qualitative Inhaltsanalyse, Experimente machen, Simulationen durchführen, Versuche oder Tests durchführen, Fallstudien, erkunden, beobachten, beschreiben, errechnen, protokollieren, dokumentieren mit unterschiedlichen Medien, Querschnittserhebungen, qualitative und quantitative Interviews, Onlinefragebögen, Longitudinalstudien über längere Zeit, Archivarbeit, zusammentragen, ausgraben, sammeln, neu zusammenstellen
Informationen oder Daten auswerten und veranschaulichen	Systematisieren, strukturieren, zuordnen und kategorisieren, Konzepte und Modelle anwenden, technische Auswertungsverfahren durchführen, diverse statistische Berechnungen (Korrelationen, Regressionen), algorithmische Berechnungen, Proben analysieren, vergleichen (Gemeinsamkeiten suchen), kontrastieren (Unterschiede suchen), visuell darstellen (Grafiken, Diagramme, Schemata, Skizzen, Abbildungen), Tabellen generieren, Beispiele auswählen, erklären
Schlüsse ziehen, Antworten und Lösungen finden	Analysieren, bewerten, Verbindungen herstellen und Rückschlüsse ziehen, Definitionen überprüfen, Thesen untermauern, Hypothesen falsifizieren, interpretieren, argumentieren, kritisieren, Erkenntnisse explizit darstellen, abgrenzen, Projekte umsetzen, künstlerische Werke produzieren, Muster abstrahieren und Modelle generieren, Regeln aufstellen, Anleitungen formulieren, neue Fragen und Thesen formulieren, Theorien aufstellen

Nicht mit jeder Methode können Sie jedes Ziel erreichen. Die Wahl der Methode bestimmt natürlich auch die Art der Ergebnisse und somit die Aussagen, die getroffen werden können oder eben nicht. Außerdem können Sie nicht alle Methoden auf alle Materialien anwenden. Ein Überblick über alle möglichen systematischen Herangehensweisen für Ihr Schreibprojekt erleichtert, wie so oft, Ihre Entscheidung!

Projektdesign ausbalancieren

Tipp 29

Methoden und Materialien abstimmen

Wie in Rieneckers Triangelmodell beschrieben **(Tipp 27)**, ruht Ihr Schreibprojekt auf drei Standbeinen: Dem „WAS", dem „WIE" und dem „WOMIT". Nachdem Sie die Vielfalt der möglichen Herangehensweisen ausgelotet haben, geht es nun darum, die Bereiche WIE? (Methoden) und WOMIT? (Materialien) aufeinander abzustimmen. Auch „WAS" sie mit Ihrem Schreibprojekt herausfinden, beantworten oder darstellen wollen hängt von der Wahl der Methoden und Materialien ab.

Arbeiten Sie mit dem Triangelmodell, um alle drei Standbeine aufeinander abzustimmen. Sie können an allen 3 Ecken eingrenzen und drehen. Eine Veränderung an einem Eckpfeiler verändert jeweils auch die anderen:

- Verändern Sie die **Methode**, brauchen Sie eventuell andere oder zusätzliche Materialien oder produzieren selbst neue Daten. Neu generierte Daten verlangen oft weitere Auswertungsmethoden und dafür notwendige Materialien. Dadurch erzielen Sie andere Resultate und rücken einen anderen Aspekt Ihres Projektes in den Vordergrund – das ganze Forschungsdesign hat sich verändert.

- Wählen Sie andere **Materialien oder Ressourcen**, betrachten Sie einen anderen Ausschnitt Ihres Themas, der eventuell andere Methoden sinnvoll macht. Auf jeden Fall aber können Sie nur Antworten finden, die in den gewählten Materialien versteckt sind, spezifische Materialien bedeuten also auch eine spezifischere Fragestellung.

- Wollen Sie Ihre **Fragestellung** verfeinern oder Ihre Zielsetzung ändern, also einen anderen Aspekt oder ein Detail herausfinden, müssen Sie dafür wiederum passende Materialien auswählen: Solche, die vermutlich die gewünschten Antworten liefern. Die gewählten Methoden sollten geeignet sein, diese Resultate zu erzielen.

Für eine ausgefeilte Fragestellung und ein gutes Projektdesign ist also eine Menge Feinjustierung notwendig. Dabei wird konkret sichtbar, welcher Aufwand mit der jeweiligen Fragestellung-Methoden-Material-Kombination verbunden ist. **Mit einem guten Projektdesign haben Sie eigentlich schon die komplette Handlungsanleitung für Ihr Schreibprojekt vor sich.**

Projektart auswählen

Tipp 30

Weniger Qual der Wahl mit dem Punktesystem:

Mit der Entscheidung für bestimmte Materialien und Methoden definieren Sie auch die Projektart. Stellen Sie sicher, dass Ihnen die Art Ihres Schreibprojektes zusagt. Nach Kruse (2002) gibt es folgende grundlegende Projekttypen:

- **Lese-Projekte** beruhen auf Literatur und Texten. Sie werden viel lesen, sich das Gelesene erarbeiten, Aspekte herausfiltern, zusammenfassen, exzerpieren und in eigenen Worten wiedergeben und paraphrasieren. Ideal, wenn Sie gerne lesen und Gelesenes systematisch zusammenführen, bewerten und wiedergeben können.

- **Empirische Projekte** beruhen auf selbst erhobenen Daten und Informationen. Sie müssen sich spezifische Methoden überlegen und aneignen, um aussagefähige Daten zu erheben. Gute Planung, Organisation und Zeitmanagement sind notwendig.

- **Auswertende Projekte** haben zum Ziel, Informationen aus Daten, Quellen oder anderen Materialien zu gewinnen. Wichtig ist, im Vorhinein abzuschätzen, welche Erkenntnisse diese Materialien überhaupt zulassen. Sie müssen Auswertungsmethoden anwenden können und sehr genau und kritisch gegenüber Ihren eigenen Resultaten sein.

- **Praktische Projekte** wenden Wissen an oder setzen etwas um. Hier setzen Sie eine Strategie praktisch um oder produzieren etwas, beispielsweise ein künstlerisches Werk. Sie müssen extrem detailliert dokumentieren, begründen und reflektieren, was Sie getan haben. Gute Vorbereitung, Selbstdisziplin und einiges an selbstkritischer Distanz sind notwendig.

- **Analytisch-argumentative Projekte** versuchen einen Sachverhalt oder ein Problem systematisch und logisch zu klären. Egal, ob Sie philosophisch argumentieren oder chemische Zusammenhänge analysieren: Hierbei müssen Sie den aktuellen Diskurs- und Forschungsstand kennen und verstehen, strukturiert vorgehen, eigenständige Argumentationen entwickeln und viel Vorwissen einbringen.

Bei umfangreichen wissenschaftlichen Arbeiten werden oft mehrere Projektarten kombiniert. Häufig müssen Sie auch bei ähnlicher Fragestellung die Wahl zwischen mehreren Projektarten treffen oder zwischen mehreren gleich spannenden Fragestellungen. Um die Entscheidung zu erleichtern, vergeben Sie am besten pro Eigenschaft jeweils 1–10 Punkte in der folgenden Entscheidungsmatrix:

Eigenschaften	Projekt 1	Projekt 2	Projekt 3
Die Projektart liegt mir besonders.			
Ich finde die Fragestellung sehr spannend.			
Ich habe bereits viele methodische Fähigkeiten, um das Projekt umzusetzen.			
Ich habe bereits einiges an nötigem Vorwissen.			
Zeitdauer und Arbeitsaufwand lassen sich bis zur Deadline locker unterbringen.			
Speziell dieses Projekt wird mir später von Nutzen sein. / Dieses Projekt ist besonders relevant im Fachbereich.			
Für dieses Projekt hätte ich gute BetreuerInnen			
Bei diesem Projekt habe ich ein gutes Bauchgefühl.			

Das Schreibprojekt mit den meisten Punkten ist ein guter Kandidat!

Wie Fragestellungen wissenschaftlich werden

Tipp 31

Unterscheiden Sie Titel und Fragestellung

Jeder Text sollte einen guten knackigen und aussagekräftigen Titel haben. Für Titel gilt: kurz und bündig, eingängig wie ein Werbeslogan. Eine Fragestellung hingegen ist die Grundlage eines wissenschaftlichen oder fachbezogenen Textes. Sie sollte zwar klar, aber doch sehr spezifisch sein. Das macht wissenschaftliche Forschungsfragen mitunter sehr lang. Kurze Fragen sind oft viel zu breit für den engen Fokus wissenschaftlicher Betrachtung.

Typisch für eine wissenschaftliche Herangehensweise ist es, alles sehr detailliert und genau differenziert zu beschreiben. Das gilt auch für eine fachliche Fragestellung oder Zielsetzung: Packen Sie alle Spezifizierungen hinein, die Sie beim Eingrenzen Ihres Themas erarbeitet haben. Zusätzlich sollte schon in der Fragestellung klar werden, wie und womit Sie Ihre Frage erörtern, Ihr Ziel erreichen wollen **(Tipps 27 und 29)**. Das kann durchaus einen ganzen Absatz füllen.

Eine derart präzise gestellte Frage klingt zwar oft nicht so prägnant, bietet Ihnen aber eine Handlungsanleitung für Ihr ganzes Schreibprojekt.

Beispiel 1: Fragestellung einer Masterarbeit:

Wie unterscheiden sich die mittels isoelektrischer Fokussierung darstellbaren Häufigkeiten der Varianten der Serumproteine HP, GC und PI zwischen Cayapa Indios und Rio-Cayapa-AfroamerikanerInnen anhand klinischer Blutproben? Lassen sich anhand der Häufigkeitsverteilungen Selektionsphänomene rekonstruieren? Lässt der Vergleich mit gesammelten Metadaten auf die geografische Herkunft der Populationen rückschließen?

Beispiel 2: Fragestellung einer vorwissenschaftlichen Arbeit:

Wie beeinflussen unterschiedliche Modestile auf Fotografien männlicher Teenager die Schülerinnen und Schüler der 7. Schulstufe eines Gymnasiums in Steyr bei der Beurteilung von Charaktereigenschaften mit einem Online-Fragebogen?

Wissenschaftliche Fragestellungen oder Zielsetzungen sind ausführlich und lang. Die knackige Kurzfassung können Sie als Titel gut verwenden.

Tipp 32 — Klare Zielsetzungen definieren
Was wollen Sie erreichen?

Nachdem Sie Ihre Fragestellung präzise formuliert haben, überlegen Sie sich noch, welche Antworten oder Lösungen Sie tatsächlich finden wollen. Was wollen Sie auf jeden Fall erreichen oder herausfinden? Was erhoffen Sie sich wirklich? Was wäre ein richtig tolles Ergebnis Ihres Schreibprojektes?

Mit jedem fachlichen Schreibprojekt verfolgen Sie ein Ziel: Sie wollen Ihre Fragestellung erläutern, mit unterschiedlichen Methoden Ergebnisse erzielen, etwas klären, etwas produzieren oder Ihre LeserInnen von etwas überzeugen. Bringen Sie auf den Punkt, was Sie erreichen wollen.

Am besten füllen Sie 3 Spalten mit Ihren Zielen:

Spalte 1: Was ist das Mindeste, was Sie sich vornehmen?
Spalte 2: Womit wären Sie ausgesprochen zufrieden?
Spalte 3: Was würde Ihre kühnsten Erwartungen sprengen?

Beschreiben Sie für unterschiedliche Aspekte Ihres Schreibprojektes die jeweiligen Ziele:

	Mindestens erreichen möchte ich …	**Ein gutes Ergebnis meines Schreibprojektes wäre …**	**Besonders schön wäre es, wenn ich am Ende mit meiner Arbeit …**
Beispiel 1 Masterarbeit	… einen Vergleich der Häufigkeit von Serumproteinvarianten der Cayapa Indios mit den Rio-Cayapa Afroamerikanern.	… wenn ich aufgrund der Serumprotein-Häufigkeiten und einer Metadatensammlung auch den geografischen Ursprung beider Populationen bestimmen könnte.	… eine neue Serumproteinvariante oder ungewöhnliche Häufigkeitsverteilungen entdecken würde.
Beispiel 2: Seminararbeit	… eine genaue Analyse von je 2 Szenen aus mindestens 2 Shakespeare-Komödien in denen liebende Männer vorkommen.	… aus den ausgewählten Szenen typische Charakteristika von Shakespeares liebenden Männerfiguren herauszuarbeiten	… anhand der ausgewählten Szenen zeigen könnte, dass Shakespeare immer ähnliche Konflikte und Verhaltensweisen liebender Männer thematisiert.
Beispiel 3: Vor-wissenschaftliche Arbeit	… die Elemente von 3 Rüstungen aus dem Multiplayer-Onlinespiel „XY" Bilddokumentationen japanischer Samurai-Kampfgewänder gegenüberzustellen.	… genau analysieren zu können, welche Elemente der Rüstungen aus original Samurai-Kampfgewändern entlehnt sind und welche nicht.	… genau erklären könnte, inwieweit die Rüstungen des Multiplayer-Onlinespieles „XY" von den Samurai-Originalen abweichen und zu hinterfragen, warum diese Abweichungen im Spiel Sinn machen.

Wenn Sie klare Ziele vor Augen haben, können Sie diese mit voller Energie ansteuern!

Tipp 33 — Qualitätsprüfung vor Projektstart
Erkennen Sie gute Fragestellungen

Rienöcker (1999) bezeichnete die Forschungsfrage als Schlüssel für ein gutes Schreibprojekt. Die meisten Schreibprojekte scheitern, weil die Forschungsfrage nicht genau und präzise genug durchdacht wurde. Mit einer guten Forschungsfrage hingegen ist Ihr Schreibprojekt auf dem besten Weg zum Erfolg.

Bevor Sie sich in Ihr Thema stürzen, überprüfen Sie also nochmals Ihre Fragestellung.

Hier eine Checkliste:

☐ Die Beantwortung der Frage ist mit Ihren Fähigkeiten und den Ihnen zur Verfügung stehenden Ressourcen realisierbar.

☐ Die Forschungsfrage ist von Ihnen im vorgegebenen Zeitrahmen sicher beantwortbar.

☐ Sie finden die Fragestellung spannend und interessant.

☐ Die Fragestellung klingt so spezifisch wie ein Forschungsauftrag.

☐ Die Frage bezieht sich auf ein klar definiertes Problem, Objekt oder eine Beobachtung, einen auffälligen Sachverhalt, eine Unstimmigkeit, eine Veränderung.

☐ Die Frage stellt bereits eine Handlungsanleitung dar, um Ihr Thema zu erörtern.

☐ Ihre Fragestellung ist in präziser Sprache formuliert.

☐ Es handelt sich um eine Hauptfrage mit maximal zwei Nebenfragen (je nach Projekt).

Für Masterarbeiten, Dissertationen und auch viele berufliche Schreibprojekte kommen noch zwei weitere wesentliche Checkpoints dazu:

☐ Die möglichen Antworten auf Ihre Forschungsfrage ermöglichen es, Schlüsse zu ziehen.

☐ Die Ergebnisse wären relevant oder gar neu im Fachkontext.

Wenn Sie alle Fragen auf der Checkliste guten Gewissens abhaken können, haben Sie eine ausgereifte Fragestellung, die Sie als roten Faden für Ihr ganzes Schreibprojekt nutzen können!

4. RICHTIG RECHERCHIEREN

RELEVANTE UND ZITIERBARE QUELLEN UND LITERATUR FINDEN

Gute Recherche ist das Um und Auf eines gelungenen (vor-)wissenschaftlichen Schreibprojektes. Dabei verändern sich die Suchstrategien während des Schreibprojektes: Am Anfang der Recherche besteht das Ziel darin, sich einen fundierten Überblick zu verschaffen, dann wollen Sie detaillierte Informationen zu einzelnen Bereichen und kritische Meinungen dazu finden. Am Ende eines Schreibprojektes müssen Sie oft spezifische Belege und Definitionen herausfiltern. Für jede Recherchephase finden Sie hier nützliche Tipps.

Tipp 34

Die Recherchespirale drehen
Bohren Sie sich in die Tiefe

Gute Recherche bedeutet, spiralförmig in die Tiefe Ihres Themas vorzudringen. Sie ziehen immer engere Kreise, bis Sie punktuell genau die Informationen finden, die Sie brauchen. Eine gute Recherche durchläuft mehrere Phasen mit unterschiedlichen Schwerpunkten:

1. **Die Breite erfassen:** Versuchen Sie, alles zu erfassen, was sich in Ihrem Themengebiet so tut. Sammeln Sie Schlagwörter, Namen, Begriffe, Institutionen, Websites, Vorträge, Konferenzen, Medienberichte, Files, Podcasts, diverse Onlineressourcen (auf Youtube, Ted-Talks), ...

2. **Ergiebige Ressourcen finden:** Finden Sie die besten Fundorte für spezifische Aspekte Ihres Themas (Kataloge, Datenbanken, Websites, Institutionen).

3. **Gezielt suchen:** Suchen Sie gezielt durch Verknüpfung von Schlagworten an unterschiedlichen Fundorten.

4. **Fundstücke gewichten:** Selektieren Sie nochmals die brauchbarsten Materialien anhand von Abstracts oder Beschreibungen.

5. **Recherche-Ergebnisse ernten:** Heben Sie die wesentlichen der gefundenen Materialien aus. Das geht sowohl über Onlinezugänge in Form von PDF-Dokumenten als auch vorort in Bibliotheken als Kopien.

Recherche kann endlos dauern. Zu jedem neu recherchierten Aspekt ergeben sich neue Details, die oft wieder neue tiefergehende Suchuniversen eröffnen. Setzen Sie sich daher sinnvollerweise von vornherein Grenzen und bestimmen Sie, wie weit und wie tief die Recherche zum jeweiligen Zeitpunkt reichen soll.

Nicht ohne Literaturverwaltungsprogramm

Tipp 35

Recherchieren und Zitieren leicht gemacht

Literaturverwaltungsprogramme sind eine der besten digitalen Errungenschaften für das wissenschaftliche Arbeiten. Sie erleichtern Ihnen das Arbeiten mit Literatur, Quellen und Materialien in vielerlei Hinsicht:

Mit Literaturverwaltungsprogrammen können Sie ...

- Alle Ihre Rechercheergebnisse organisieren und speichern.

- Bibliografische Daten von Websites und aus Literaturdatenbanken importieren.

- Einträge mit Schlagworten versehen (taggen), kommentieren und miteinander verknüpfen.

- Einen persönlichen Literaturpool schaffen, in dem Sie nach eigenen Schlagworten suchen und strukturieren können.

- In Textverarbeitungsprogrammen automatisch in jedem beliebigen Zitierstil zitieren.

- Literaturlisten in jedem Referenz-Format automatisch generieren, ohne dass eine zitierte Quelle fehlt oder zu viel ist.

- Auch Websites, Daten sowie Audio- und Videodateien speichern.

- Ihre Literatursammlung online und offline verwalten und mit anderen teilen.

Verabschieden Sie sich von der Steinzeitmethode händischer Literaturorganisation und dem Tippen von Literaturlisten und starten Sie Ihre Recherche mit der Installation eines aktuellen Programms.

Der anfängliche Aufwand lohnt sich bereits für kleine Schreibprojekte. Von Open-Source-Software wie *Zotero*, *Mendeley* oder *Papers*, bis zu kostenpflichtigen Programmen wie *Endnote*, *Citavi* oder *ProCite* kommen ständig neue Programme auf den Markt. Achten Sie auf Plug-ins für unterschiedliche Textverarbeitungsprogramme (wie *BibTex* für *LaTex* und *Open Office*). Social-Cataloging-Tools wie *Zotero*, *LibraryThing* oder *LitLink* ermöglichen sogar gemeinschaftliche Literaturverwaltung und Verknüpfung von Literatur mit Personen und Daten. Wählen Sie ein Programm, das gut zu Ihnen und Ihren Schreibprojekten passt.

Wenn Sie von Anfang an ein Literaturverwaltungsprogramm verwenden, verläuft Ihre Recherche viel organisierter. Nichts geht verloren und Sie sparen später sehr viel Zeit beim Arbeiten mit Literatur, Zitieren und dem Formatieren von Referenzlisten.

Recherche im Internet festhalten
Mit neuen Medien einfacher suchen und finden

Tipp 36

Recherche funktioniert heute in fast allen Disziplinen schneller über das Internet. Darum macht es Sinn, elektronische Daten, Dokumente und Links strukturiert zu sammeln. Neben einem Literaturverwaltungsprogramm **(Tipp 35)** ist es oft nützlich, Ihre Recherche in einer Art Journal festzuhalten.

Die Bandbereite reicht dabei von einem analogen Notizbuch bis zu einem Onlineportfolio oder Twitter-Stream, je nachdem wie sehr Sie mit dem Gebrauch neuer Medien vertraut sind. Folgendes hat sich als nützlich erwiesen:

- Dokumente in themenspezifischen Ordnern ablegen.

- Bookmarks strukturieren und alle interessanten Links als Lesezeichen im Browser speichern.

- Als Recherche-Journal ein Textdokument zu jedem Thema öffnen, an dem Sie arbeiten und alle Ideen, Tipps und Links hineinkopieren genauso wie Literaturquellen, Zitate, Namen und Institutionen. Speichern Sie es in Ihrer dropbox, um es auch immer und überall verfügbar zu haben.

- Ein Online-Journal in einem Blog oder ein ePortfolio steht Ihnen ebenfalls mobil zur Verfügung.

- Lassen Sie sich über Neuigkeiten von relevanten Institutionen und Personen mit E-Mail-Benachrichtigungen und Newslettern informieren.

- Abonnieren Sie relevante RSS-Feeds oder Science-Blogs in einen RSS Reader (beispielsweise von Google), der automatisch neue Informationen auf interessanten Websites speichert.

- Lassen Sie sich automatisiert von Datenbanken auf neue Literatur zu markierten Stichworten aufmerksam machen.

- Werden Sie ein Teil von Newsgroups, Facebook-Gruppen, Twitter-Streams oder ähnlichen Social Media Gemeinschaften in Ihrem Recherchegebiet und profitieren Sie vom Austausch mit anderen ExpertInnen.

Bei professioneller Verwendung kann das Internet Ihrer Recherche einen sehr viel weiteren Horizont eröffnen!

Tipp 37

Google und Wikipedia richtig benutzen

Einstieg in die Recherche

Wenn wir heute etwas wissen wollen, suchen wir üblicherweise zuerst mit einer Suchmaschine im Internet. Solche Suchmaschinen durchforsten das Internet nach Seiten, die bestimmte Stichworte enthalten. Aber finden Sie so die relevantesten Informationen? Nein, denn die meisten Suchmaschinen zeigen Ihnen einfach die Informationen, die am häufigsten von anderen Usern gesucht und angeklickt wurden – oder solche, für die die Betreiber Werbeeinschaltungen zahlen!

Die gebräuchlichste Suchmaschine in der westlichen Welt ist *Google* (www.google.com), gefolgt von *Yahoo* und laufend kommen neue dazu. Ein weiteres häufig genutztes Nachschlagewerk ist Wikipedia.

Google eignet sich gut als Einstieg in die Recherche, um erste Schlagwörter und ProtagonistInnen Ihres Fachgebiets zu entdecken. Damit können Sie sich einen ersten Überblick über die Breite Ihres Themas verschaffen. Auch für die sogenannte Volltextsuche sind solche Suchmaschinen gut geeignet: Setzen Sie einfach den gesuchten Satz unter Anführungszeichen!

Google ist allerdings schlecht geeignet, um in die Tiefe zu recherchieren, da aktuelle und relevante Texte und Informationen oft nicht frei zugänglich sind. Eine Ausnahme bildet die Suchmaschine *Google-Scholar* (scholar.google.com) Hier finden Sie viele Materialien und weiterführende Links. Wiederum sind die zuerst angezeigten Einträge nicht die besten, sondern die populärsten, gerade hoch spezialisierte Fachseiten haben aber oft nicht so eine hohe Besucherfrequenz.

Oft finden wir ganz oben in unserer Google-Suche einen **Wikipedia**-Eintrag zum Thema. Wikipedia gibt oft gute und detaillierte Informationen, schließlich arbeiten hunderttausende Personen daran, Wikipedia aktuell zu halten. Das ist aber auch der Grund, warum Wikipedia nicht zitiert werden darf: Erstens bekennt sich niemand verantwortlich für den Inhalt (keine angegebenen AutorInnen) und zweitens kann er jederzeit verändert werden, ist also nicht konstant und daher nicht als Referenz im Text geeignet.

Wikipedia eignet sich ebenfalls hervorragend für den ersten Überblick in Ihrer Recherche: Hier finden Sie erste Definitionen, Namen, Institutionen, Literaturreferenzen und oft weiterführende Links, mit denen Sie eine professionelle Recherche starten können.

Wenn Sie sich mit Google und Wikipedia einen Überblick verschafft haben und ein paar wichtige Schlagworte identifiziert haben **(Tipp 34)**, können Sie mit der eigentlichen Recherche starten: Beginnen Sie nun zielgerichtet, in Bibliothekskatalogen und spezialisierten Referenzdatenbanken **(Tipp 41)** nach brauchbarer Literatur und anderen Quellen zu suchen.

Tipp 38 — Vertrauenswürdige Internetquellen finden
Wie Sie Informationen auf Websites beurteilen

Wenn Sie sich neu in ein Thema einarbeiten und im Internet suchen, müssen Sie bewerten, wie relevant und vertrauenswürdig Ihre Rechercheergebnisse sind. So beurteilen Sie Websites:

- Wer betreibt die Website? Gibt es Kontaktdaten?
- Wie renommiert sind die verantwortlichen Institutionen oder Personen?
- Ist es eine kommerzielle Website? Wenn ja, mit welchem Ziel? An wen wendet sie sich?
- Mit welchen anderen Websites ist sie verlinkt?
- Ist die Website aktuell und gepflegt?
- Sind Angaben zum Urheberrecht und Copyright vorhanden?

Ein wichtiger Hinweis auf die Verlässlichkeit von Informationen auf Websites sind die Angaben zu den VerfasserInnen der Beiträge. Nur wenn AutorInnen genannt sind, ist die Quelle halbwegs zitierbar:

- Sind die AutorInnen namentlich genannt? Ist klar ersichtlich, wer welchen Text verfasst hat?
- Gibt es aktuelle Kontaktdaten wie Links zu Instituten oder persönlichen Homepages der AutorInnen?
- Welche Qualifikationen sind angegeben? Gibt es Publikationslisten? Lebensläufe?
- Gibt es Datumsangaben für Informationen und Texte? Wie aktuell sind sie?
- Gibt es in den Texten Belege, Quellenangaben und Referenzen?

Um Texte und Informationen von Websites später in Ihrer Arbeit wissenschaftlich verwenden zu können, müssen Sie immer …

1. die komplette Webadresse vermerken oder den Link in Ihrem Literaturverwaltungsprogramm speichern, also den „URL".

2. das Abrufdatum notieren, da sich Websiteinhalte rasch ändern können. Bei besonders wichtigen Referenzen speichern Sie am besten den Websitetext ab oder machen einen Screenshot.

Immer mehr Informationen stehen online zur Verfügung. Ob Sie diese jeweils in Ihrer Arbeit verwenden dürfen, sollten Sie auf jeden Fall abklären. Manchmal lassen sich von Artikeln nur gekürzte Versionen oder Entwürfe online auffinden, dann empfiehlt es sich sicherheitshalber, die publizierte Version zu recherchieren.

Tipp 39

„Who is Who"

Identifizieren Sie wichtige AutorInnen und Institutionen

Die interessantesten Experten sind meist nicht jene, die in populären Medien gehypt werden. Im Gegenteil, jede „Wissenschaftscommunity" hat ihre geheimen Stars, die nur Eingeweihten ein Begriff sind – diese müssen Sie herausfinden. Aber wie?

Nur was in der Wissenschaftswelt publiziert ist, gilt als anerkanntes Wissen. Wissenschaftliche Erkenntnisse sind immer mit den Namen von AutorInnen verknüpft. Um relevante Literatur zu finden, checken Sie zunächst ab, wer die „Big Player" in Ihrem Themenbereich sind. Machen Sie sich schlau über das „Who is Who" in diesen Fachgebieten.

Lernen Sie also die Akteure Ihres Themenbereiches Schritt für Schritt kennen:

→ Wer hat in letzter Zeit zu Ihrem Thema publiziert?
Mit welchen anderen AutorInnen? Mit welchen Schwerpunkten?

→ Wer wird in diesen Publikationen zitiert?

→ Von wem und wie vielen werden diese Publikationen zitiert?

→ In welchen Fachzeitschriften, Verlagen oder Onlinemedien wird von diesen AutorInnen publiziert?

→ Wie angesehen sind diese Medien in Ihrem Fachbereich? Welche Impact Faktoren haben die Zeitschriften und Onlinemedien?

→ Auf welchen Konferenzen waren diese AutorInnen? Wer hat noch dort vorgetragen?

→ An welchen Institutionen, in welchen Forschungsplattformen und -gruppen arbeiten die gefundenen ExpertInnen?

→ Welche anderen Konferenzen, Institutionen und Forschungsschwerpunkte gibt es noch zu dem Thema? Wer arbeitet und publiziert dort?

→ Was haben diese ExpertInnen zum Thema publiziert?

Bohren Sie sich so spiralförmig Ihr Themengebiet und versuchen Sie, alle Facetten dieser „Science Community" zu erfassen, dann können Sie sicher sein, alle relevanten Informationen zu finden.

Tipp 40 — Schlüsselwörter aus dem Leseglossar
Schlagwörter für Ihre Suche horten

Die Menge an verfügbaren Informationen ist oft unüberschaubar. Damit Sie sich nicht in Ihrer Recherche verlieren, brauchen Sie eine Liste mit guten „Ködern" für die Suche: Schlagworte, mit denen Sie die für Ihr Schreibprojekt wichtigen Dinge aus dem Meer an Informationen angeln können.

Dabei ist ein Leseglossar nützlich für den Einstieg in Ihre Recherche. Notieren Sie darin alle möglichen Schlagwörter:

- Fachbegriffe und die verschiedenen Bedeutungen der einzelnen Begriffe und neuen Vokabeln und wie verschiedene Autoren diese unterschiedlich verwenden

- Synonyme Bezeichnungen oder Schreibvarianten relevanter Dinge

- Abkürzungen

- Gleichlautende Bezeichnungen oder Abkürzungen, die aber etwas anderes meinen

- Mit Ihrem Thema eng verwandte Begriffe

- Namen wichtiger Personen / Protagonisten

- Institutionen und Organisationen

- Titel von bereits vorhandener Literatur

- Konferenztitel

- Methoden, Materialien, Quellen

- Ereignisse

- Schlagworte (Tags), die auf Websites oder in Publikationen angegeben sind

Finden Sie möglichst spezifische Schlagwörter für Ihr Thema und machen Sie sich schon im Vorfeld Verwechslungsmöglichkeiten und Mehrdeutigkeiten bewusst. Mit einer guten Sammlung an Schlagwörtern können Sie nun zielgerichtet recherchieren.

Datenbanken strategisch durchforsten

Tipp 41

Schlagworte zielgerichtet verknüpfen

Jeder Fachbereich hat eigene Referenzdatenbanken, Kataloge und Datenbanken und spezialisierte Bibliothekskataloge. Das sind Überblicksdatenbanken mit Unmengen an Literatureinträgen, in denen Sie meist online mit spezialisierten Suchmasken zielgerichtet recherchieren können. Um tiefer in Ihren wissenschaftlichen Themenbereich einzudringen, müssen Sie herausfinden, welche Online-Ressourcen für Ihre Recherche sinnvoll sind:

Fast alle Bibliotheken bieten heute **Online Kataloge oder OPACs** (kurz für Online Public Access Catalogue). In diesen Katalogen können Sie mit Schlagworten sehr gezielt nach Literatur suchen. Sie recherchieren hier nicht in den Texten selbst, sondern in den bibliografischen Daten zum jeweiligen Werk. Um das eigentliche Werk zu bekommen, müssen Sie sich meist einschreiben (beispielsweise in eine Universitätsbibliothek). Dann bekommen Sie auch Zugang zu ansonsten kostenpflichtigen Materialien wie Originaltexten, Volltextsuchmaschinen und weiteren spezialisierten Referenzdatenbanken. Erkundigen Sie sich, wie Sie Zugang bekommen, das erleichtert Ihre Suche und öffnet den Weg zu wissenschaftlich fundierten Informationen.

Wahlloses Anklicken von Suchergebnissen führt Sie vom Hundertsten ins Tausendste. So droht man in der Informationsfülle unterzugehen, ohne die eigentlich wichtigen Materialien zu finden. Eine zielgerichtete Suche mit mehreren Schlagworten führt schneller zu nützlichen Ergebnissen.

Schlüsselwörter verknüpfen

Gehen Sie schrittweise vor und definieren Sie für jeden Suchdurchgang Schlagwörter und welche Referenzdatenbanken Sie in Ihre Suche einbeziehen wollen. Nutzen Sie dafür die Schlüsselwörter-Sammlung aus Ihrem Leseglossar **(Tipp 40)**.

Viel zielgerichteter suchen Sie, wenn Sie Suchoptionen verwenden, um Schlüsselwörter zu verknüpfen – am einfachsten die sogenannten *Bool'schen Operatoren*.

- „Wort 1 **UND** Wort 2" findet Literatur, in der beide Worte vorkommen (Schnittmenge)

- „Wort 1 **ODER** Wort 2" findet Literatur, in der entweder Wort 1 oder nur Wort 2 oder beide vorkommen (Vereinigungsmenge)

- „Wort 1 **NICHT** Wort 2" findet Literatur, in der Wort 1, nicht aber Wort 2 vorkommt

- „WORTSTAMM*" setzen Sie das „*" nach dem Wortstamm, um Varianten zu suchen, beispielsweise: ornitho* um Ornithologie, ornithologisch, Ornithographie, zu finden (trunkieren)

- Manchmal können Sie auch maskieren, also einen Buchstaben ersetzen (oft durch ein „!"), um unterschiedliche Schreibweisen zu finden, beispielsweise „MA!ER"

Meistens können Sie sogar Ihre Suchdurchgänge speichern und erst im Nachhinein unterschiedlich kombinieren. Zielführend ist es auch, nach Zeiträumen, Sprachen oder Fachgebieten einzugrenzen. Nutzen Sie Onlinekataloge und Datenbanken mit Ihren Suchfunktionen und Sie werden sicher fündig!

Gehen Sie in Bibliotheken!
Professionelle Rechercheunterstützung nutzen

Tipp 42

Auch wenn heutzutage sehr viel Recherchearbeit bequem zu Hause über das Internet möglich ist, zahlt es sich aus, auch persönlich eine Bibliothek zu besuchen. Bibliotheken großer Institutionen kaufen Rechte für Publikationsreihen und horten vergriffene Materialien. Recherchieren Sie vorab, welche Bibliotheken die für Sie interessantesten Bestände haben **(Tipp 41)**. Bestellen oder reservieren Sie wichtige Literatur oder fordern Sie sie per Fernleihe an, wenn etwas in Ihrer Nähe nicht verfügbar ist.

Vor Ort in einer Bibliothek können Sie:

- mit den Originalwerken und raren Dokumenten arbeiten,

- kopieren und einscannen,

- sich über Bibliothekscomputer oder -netzwerke in Kataloge einloggen und so Zugang zu Quellen und Literatur bekommen, die sonst nur teilweise (nur das Abstract, Teile auf Google Books gesperrt) oder kostenpflichtig zugänglich sind,

- sich von meist sehr kompetenten BibliothekarInnen bei der Recherche unterstützen lassen,

- unterschiedlichste Fachzeitschriften zur schnellen Einschätzung durchblättern und lesen,

- in Ruhe ohne Ablenkung recherchieren.

Bibliotheken sind auch ausgezeichnete Arbeitsorte: Lassen Sie sich von dem gesammelten Wissen inspirieren und von der emsigen Arbeitsatmosphäre mitreißen!

Tipp 43 — Primärquellen & Sekundärliteratur auseinanderhalten
Ordnen Sie Ihre Fundstücke

In der Wissenschaft spricht man von Quellen als Materialien, mit denen man seine Forschungsfragen erarbeiten möchte. Was als Quelle bezeichnet wird, ist von Fach zu Fach sehr unterschiedlich: Ein historisches Originaldokument, eine Gewebeprobe, statistische Daten, paläontologische Fundstücke oder Messproben, Beobachtungs- oder Befragungsergebnisse, ein Musikstück, oder ein literarisches Werk. In letzterem Fall spricht man oft von Primärliteratur, also dem Werk, das bearbeitet wird. Sekundärliteratur meint dann alle anderen dazu herangezogenen Texte, beispielsweise frühere Analysen desselben Werkes.

Eine Quelle birgt also Informationen, die analysiert werden können. Unterscheiden Sie bei Ihrer Recherche vor allem am Anfang, was Sie als Quellen für ihre Forschung verwenden könnten und was Sie als sekundäre Literatur für die Analyse der jeweiligen Quellen heranziehen könnten.

Meistens entscheiden Sie sich im Laufe Ihrer Arbeit für eine oder wenige Quellen, für deren Bearbeitung Sie ausreichend Sekundärliteratur finden müssen. Für die Analyse einer Theateraufführung kann beispielsweise eine Videoaufzeichnung und das Programm als Quelle herangezogen werden. Als Sekundärliteratur würden dann, je nach Fragestellung, das Originalwerk, Kritiken und Medienberichte über die Aufführung, Interviews mit der Regisseurin und frühere Arbeiten über die Theateraufführung oder Dokumentationen anderer Inszenierungen möglich sein.

Versuchen Sie, während Sie recherchieren, zu sondieren, welche Materialien als zentrale Quellen Ihres Schreibprojektes in Frage kommen könnten und welche Sekundärquellen und Literatur dazu passen würden. So ordnen sich die Fundstücke Ihrer Recherche wie von selbst!

Passende Textsorten suchen

Tipp 44

Worin finden Sie welche Informationen?

Literatur ist nicht gleich Literatur. Es gibt unterschiedliche Textsorten, die unterschiedliche Informationen bieten. Sie ersparen sich viel Zeit, wenn Sie von vorneherein nach passenden Textsorten für die gewünschte Art der Informationen suchen.

Sie suchen:	Textsorte
Überblick, historische Entwicklung, Hintergründe	Review Papers, Journalistische Reportagen, Dokumentationen, Chronologien, Biografien, Lebensläufe, Mission Statements, Fachbücher und Monografien, Referenzdatenbanken, Vorträge und Folien
Literarische, musische oder andere künstlerische Werke, Schriftstücke bestimmter AutorInnen oder andere mögliche Primärquellen	Originäre Werke, Prosa und Lyrik, Notenband, Drehbücher, Bildbeschreibungen, Kataloge, Bibliografien
Definitionen, Beschreibungen von Sachverhalten, erhobenes Datenmaterial	Berichte von Institutionen, Datenbanken, Fachzeitschriften, Monografien, Lexika, Studien, Lehrbücher, Konferenzbände, Abstracts
Erklärungen, Thesen oder Hypothesen, Theorien, Positionen	Thesenpapiere, Proposals, Monografien
Praktische Anwendungen, Fallbeispiele, Methoden	Praxishandbücher, Fachzeitschriftenartikel und Sammelbände zum jeweiligen Schwerpunkt, Lehrbücher, Konferenzbände
Analysen, Auswertungen von Daten, Interpretationen	Metastudien, Aufsätze in Fachzeitschriften, Konferenzbände
Argumentationen, Diskussionen, kritische Betrachtungen	Monografien, Aufsätze Kritiken, Antworten und Kommentare auf Publikationen, „Letters to the Author", Konferenzaufzeichnungen
Meinungen, Deutungen und Interpretationen	Essays, populärwissenschaftliche Artikel und Monografien, Interviews, Autobiografien

5. STRUKTUREN SCHAFFEN

TEXTGLIEDERUNG UND ARBEITSSCHRITTE PLANEN UND ABSEGNEN LASSEN

Verwechseln Sie eine Gliederung nicht mit einem fertigen Inhaltsverzeichnis. Beim Gliedern und Strukturieren Ihres Schreibprojektes geht es nicht darum, bereits die genaue Reihenfolge und den Platz der einzelnen Textteile zu fixieren, sondern darum, alle wesentlichen Bestandteile zu erfassen und zu planen. Wenn Sie alles klar vor sich auf dem Tisch haben, können Sie Ihre Arbeitsschritte realistisch planen und Ihr Schreibprojekt von Anfang an richtig dimensionieren.

Im folgenden Kapitel finden Sie nützliche Herangehensweisen, um Ihr Schreibprojekt strukturiert anzugehen: Wie Sie entlang eines Gliederungs-Clusters Ihr Projekt detailgenau planen, es in kleine überschaubare Portionen zergliedern und das Ganze in ein Exposé gefasst von Ihren BetreuerInnen oder UnterstützerInnen absegnen lassen.

Tipp 45 — Strukturieren Sie auf allen Ebenen
Von der Makro- zur Mikrostruktur

Bei genauem Hinsehen hat alles eine erkennbare Struktur. Aber es kommt auf die Betrachtungsebene an. Wie mit einem Mikroskop können Sie auf unterschiedliche Ebenen Ihres Schreibprojektes zoomen und dort jeweils unterschiedliche Strukturen gestalten.

Doris Maertin (2003) unterscheidet drei verschiedene Strukturebenen

1. **Makrostruktur:** Die grobe Gliederung Ihres Textes: Welche Themenfelder gibt es? In wie vielen Kapiteln wollen Sie diese darstellen, wie lange sind die jeweiligen Kapitel? Gibt es mehrere Gliederungsebenen? Maertin empfiehlt auch bei großen Schreibprojekten nicht mehr als 3 Gliederungsebenen, ab Nummerierungen wie „Kapitel 3.4.5.7" wird es unübersichtlich.

2. **Optische Struktur:** Laut Maertin wird in der optischen Struktur der „innere Aufbau eines Textes äußerlich sichtbar". Das geschieht durch Absätze, Aufzählungszeichen ebenso wie durch Überschriften. Der Einsatz unterschiedlichster Layoutelemente soll den Fokus der Lesenden auf das Wesentliche lenken.

3. **Mikrostruktur:** Jedes Kapitel, jeder Absatz, ja sogar jeder Satz sollte eine sinnvolle Struktur haben. Kündigen Sie am Anfang jedes Kapitels an, was nun behandelt wird und leiten Sie in das Thema ein. Erläutern Sie dann die jeweiligen Inhalte, fassen Sie am Schluss zusammen und bringen auf den Punkt, was sie bedeuten, bevor Sie zum nächsten Gedanken überleiten. Verwenden Sie leserleitende Elemente wie fettgedruckte Wörter oder kursive Schrift, um Wichtiges, beispielsweise Zitate, hervorzuheben. Auch auf der feinsprachlichen Ebene kann man strukturieren, mehr dazu im Kapitel **Überarbeiten (Kapitel 8)**.

Oft wird bereits ganz am Anfang auf Mikrostrukturebene an ersten Sätzen herumgefeilt, bevor die Makrostruktur Ihres Textes klar ist. Das macht doppelte Arbeit, denn die Gestaltung einzelner Passagen hängt wesentlich davon ab, wo sie im Text platziert sind.

Beginnen Sie also auf der Makroebene zu strukturieren und zoomen Sie sich langsam in tiefere Ordnungsebenen hinein – oft werden dann ganz von selbst sinnvolle Gliederungsmuster sichtbar.

Ihr Gliederungs-Cluster als Basistool

Tipp 46

Wie Sie jedes Schreibprojekt strukturieren können

Die Gliederung Ihres Themas ist eigentlich schon so gut wie fertig, wenn Sie Ihre Forschungsfrage anhand des Triangelmodelles **(Tipps 27 – Triangelmodell und 29 – Projekt ausbalancieren)** definiert haben. Denn jede (vor-)wissenschaftliche Arbeit folgt im Prinzip demselben klassischen Gliederungsmuster:

In einem runden Schreibprojekt erläutern Sie in der ersten Hälfte, **WAS** Sie erreichen oder welche **FRAGE** Sie klären wollen, **WARUM** das relevant ist, **WIE** Sie das tun wollen und **WOMIT**. In der zweiten Hälfte stellen Sie dar, welche **ERGEBNISSE** Ihre Herangehensweise hatte, **DISKUTIEREN,** was diese Ergebnisse bedeuten und schließen den Kreis mit der **ANTWORT** auf Ihre Fragestellung, der Zusammenfassung Ihres **RESULTATS**.

Ausgehend von diesem Schema können Sie Ihr Schreibprojekt strukturiert planen, Literatur zuordnen und die Teilbereiche passend zu Ihrem Thema dimensionieren. Ergänzen Sie die Details zu den jeweiligen Unterbereichen – machen Sie dazu jeweils eigene Cluster **(Tipp 19)** oder Mindmaps **(Tipp 47)**.

Wie Sie die einzelnen so definierten Bausteine im fertigen Text zusammenbauen, können Sie sich ruhig später überlegen, das hängt auch von den üblichen Textsorten und Konventionen Ihres Fachgebietes ab. Oft ergibt sich ein sinnvolles Gesamtbild erst während des Schreibens.

Mindmapping: Map your Mind
Ordnen Sie alle Details in Ihre Gliederung ein

Tipp 47

Mindmapping hilft Ihnen, Dinge in eine hierarchische Ordnung zu bringen. Diese Visualisierungstechnik macht auch grafisch sichtbar, wie Dinge zusammenhängen. Im Gegensatz zu Brainstorming und Clustering, wo Sie Ihre Einfälle abbilden so wie Sie passieren, strukturieren Sie beim Mindmapping hierarchisch geordnet in die Tiefe: Aus jedem Stichwort wachsen Äste mit dazugehörigen Unterbereichen. An diese werden weitere dazupassende Elemente angehängt. Mit Hilfe von Farben, Symbolen oder Pfeilen können Sie Ihre Mindmap noch übersichtlicher gestalten.

Machen Sie aus Ihrem Gliederungscluster **(Tipp 46)** eine ausdifferenzierte Mindmap, indem Sie zu allen Unterpunkten weitere Ebenen in Schlagworten ergänzen. Hier ein Beispiel – Mindmap für eine Masterarbeit:

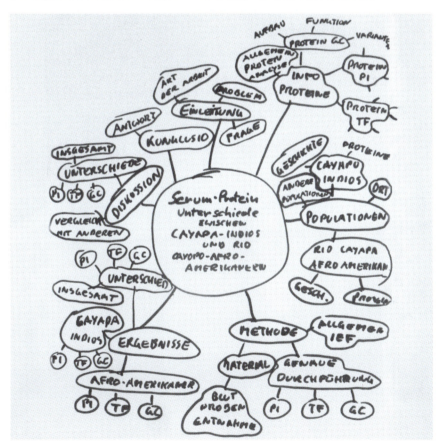

Mit so einem Überblicksplan behalten Sie auch große Schreibprojekte komplett im Blick. Wird er zu unübersichtlich, machen Sie eventuell für jeden Unterbereich eigene Cluster oder Mindmaps, in denen Sie weiter in die Tiefe gehen können. Mit der Hand können Sie am schnellsten mindmappen, es gibt aber auch verschiedenste Mindmapping-Software, wie zum Beispiel das kostenlose *XMind*, um Ihre Gliederungen zu digitalisieren.

Wenn Sie Ihr Schreibprojekt bildlich vor Augen haben, können Sie jedes Ihrer Kapitel klar beurteilen. Sie bemerken dadurch schneller, ob etwas strukturell unausgewogen ist. Lücken und inhaltlich dünne Bereiche springen Ihnen besser ins Auge, genauso wie zu dichte, ausufernde Passagen. Zusätzlich ist eine Mindmap ein genialer Schreibeinstieg – entlang der visualisierten Stichworte füllen sich leere Seiten wie von selbst (**Tipp 69 – Ein Drehbuch für Ihren Text**).

Literaturberge klein planen
Relevantes identifizieren und zuordnen

Tipp 48

Schon in der Planungsphase ist es wichtig, relevante Literatur und Quellen auszusieben. Auch riesige Literaturberge lassen sich Stück für Stück leicht abtragen: Sie müssen wie im Bergbau ertragreiche Materialien identifizieren und sich von weniger ergiebigen trennen. Märtin (2003) empfiehlt, nach dem Prinzip „Teile und Herrsche" gleich beim ersten Querlesen alle recherchierten Materialien auf 3 Stapel aufzuteilen:

1. Informationsquellen, die besonders ergiebig sind.

2. Materialien, die weniger ertragreich sind, aber spezielle Aspekte beinhalten.

3. Text-Ballast, den Sie getrost einstweilen beiseitelegen können.

Für ein einzelnes Schreibprojekt müssen Sie nicht die gesamte Literatur lesen und alle Quellen erfassen, das ist selbst ExpertInnen kaum möglich. Außerdem sinkt der Erkenntniswert pro gelesener Veröffentlichung zum Thema stark.

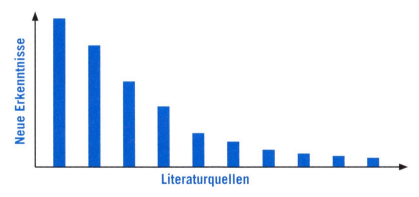

Etwa ab dem 5. Text zu einem Thema, erfahren Sie nur noch wenig Neues. Diese Zusatzinformation betrifft dafür meist spezielle Aspekte, die Sie sich gezielt herauspicken können, ohne das ganze Werk zu lesen. Verwenden Sie auch die Entscheidungsmatrix **(Tipp 59)**, um Ihre Literaturquellen richtig einzuschätzen. Fangen Sie mit den ertragreichsten Informationsquellen an und suchen Sie sich aus dem Rest fehlende Detailinformation für Spezialfragen heraus.

Tipp 49 — Seitenzahlgenerator aktivieren
Schätzen Sie Umfang und Aufwand Ihres Schreibprojektes ein

Viele fachliche Texte erscheinen unausgewogen: Sie gehen an manchen Stellen extrem ins Detail und bleiben bei anderen Aspekten enttäuschend oberflächlich. Das liegt oft daran, dass zwar die Inhalte des Textes geplant wurden, aber nicht deren Umfang oder Dauer. Extrem detaillierte Stellen sind meist jene, an denen mit der Arbeit begonnen wurde. Denn wenn Sie in ein Thema hineinspringen, ohne die Tiefe an diesem Punkt abzuschätzen, laufen Sie Gefahr, darin unterzugehen. Jedes Detail erscheint interessant genug, um ihm Zeit zu widmen. Dieser Neugier-Sog, der Sie immer tiefer in ein Thema hineinzieht, macht die Faszination von Forschung aus.

Für den erfolgreichen Abschluss von Schreibprojekten kann das jedoch fatal sein. Sie verzetteln sich dadurch in Einzelheiten, die zwar spannend, für Ihre Fragestellung oder Ihr Ziel, aber nicht wesentlich sind. Für andere, ebenso wichtige Aspekte bleibt dann am Schluss keine Zeit mehr – ein unausgewogenes Endprodukt entsteht. Oder noch schlimmer: Ihr Schreibprojekt dauert immer länger und länger oder wird gar nie fertig.

Judith Huber (2007) hat eine Methode entwickelt, wie Sie Ihre **Gliederungsmindmap (Tipp 47)** verwenden können, um ganz pragmatisch den Umfang Ihres Schreibprojektes vorläufig zu planen. So starten Sie den Seitenzahlgenerator:

1. Welche **Seitenzahl** soll Ihr fertiger Text mindestens erreichen? Nehmen Sie Ihre Gliederungsmindmap und schreiben Sie die Zahl in die Mitte.

2. Addieren Sie die Zahl Ihrer Unterpunkte zusammen, für kürzere Teile wie Einleitung oder Konklusion berechnen Sie einfach 0,5 statt 1. Nun dividieren Sie die Gesamtseitenzahl durch die Zahl Ihrer Unterpunkte und schon haben Sie die Seiten, die ein Kapitel in etwa haben soll!

So starten Sie den Seitenzahlgenerator (siehe Abbildungen S. 95–96).

3. Wenn Sie Ihren Gliederungsmindmap schon zu einer detaillierteren Mindmap erweitert haben, teilen Sie die Seitenzahlen ganz pragmatisch, Gliederungsebene für Gliederungsebene, auf alle Inhaltspunkte gleich auf.

4. **Verfeinern Sie Ihre Seitenaufteilung** auch bei großen Schreibprojekten von mehr als 100 Seiten Schritt für Schritt. Ziel ist es, den ganzen Text auf geplante Themenportionen von 2 bis max. 5 Seiten herunterzubrechen.

5. Nun können Sie themenspezifisch weiter tüfteln und gewichten, indem Sie Seiten hin und her schieben, da und dort ein paar Seiten mehr oder

weniger kalkulieren. Im Laufe des Schreibprojektes können Sie immer wieder nachjustieren und umschichten, die Gesamtseitenzahl sollte aber nicht weniger werden und pro Überkapitel auch nicht zu stark steigen.

6. Abschließend können Sie nun auch Ihre **Literatur und Quellen** zuordnen. Überlegen Sie: Wie viele Bücher, Kapitel oder Texte müssen Sie gelesen haben, um beispielsweise 3 Seiten über einen Aspekt schreiben zu können? Ordnen Sie die Literatur und Quellen zu, die Sie bei Ihrer Recherche schon identifiziert haben, am besten ganz genau – statt nur „Buch von Müller" notieren Sie „Kapitel 1 + Einleitung von Müller" oder „Seiten 201-207 Text Huber 2003" **(Tipp 63 – Leseclustering)**.

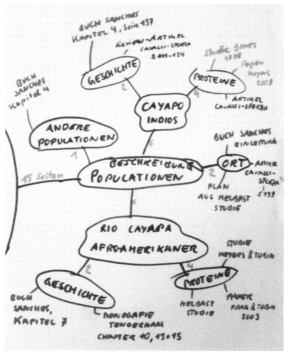

Ein großes Textprojekt so aufzuschlüsseln, wirkt oft sehr erleichternd. Sie müssen plötzlich nicht mehr 100 Seiten über Ihr Thema schreiben, sondern nur noch 3 über diesen Aspekt, 5 über jene Autorin und 2 über diese Methode oder eine über diese schwierige Frage. Auch Ihre Literaturberge können Sie dadurch schon in der Planungsphase reduzieren. Denn um 4 Seiten guten Text zu schreiben, müssen Sie nicht unbedingt 10 dicke Bücher gelesen haben, sondern wenige genau zum Thema passende Textausschnitte. Das ganze Projekt wird durch diese Dimensionierung handhabbar für Sie und die Gefahr, sich zu verzetteln, geringer.

Tipp 50 | To-Do-Listen für jeden Textteil
Damit wird Ihre Zeitplanung realistisch!

Legen Sie für jeden größeren Abschnitt Ihres Schreibprojektes eine To-Do-Liste an. Sie listen darin zum einen alle Vorbereitungen auf, damit Sie zu jedem Aspekt Ihrer Mindmap etwas schreiben können und zum anderen, was Sie während eines Abschnittes tun wollen. Zusätzlich versuchen Sie, zu schätzen, wie lange Sie jeweils dafür brauchen werden.

	1. Vorbereitung Abschnitt X	Zeitdauer in Stunden	2. To-Dos Abschnitt X	Zeitdauer in Stunden
Was müssen Sie recherchieren?				
Was müssen Sie lesen?				
Welche Ressourcen müssen Sie bereits organisieren?				
Was müssen Sie noch tun (Tabellen gestalten, Abbildungen machen, ...)?				
Was muss jemand anderer tun (BetreuerIn, KollegInnen)?				
Welche Ergebnisse / Informationen / Daten müssen vorliegen?				
Was müssen Sie auswerten?				
Wie viele Seiten müssen Sie worüber schreiben?				
Wie viele Seiten müssen Sie überarbeiten?				
Welche anderen Teile der Arbeit müssen fertig sein, um damit einen Zusammenhang herzustellen?				

Mit solchen To-Do-Listen können Sie wunderbar abhaken, was Sie schon erledigt haben und wissen, was noch zu tun ist. Passen Sie die einzelnen Punkte an Ihr Thema an und formulieren Sie möglichst kleinteilig und spezifisch. Setzen Sie anhand Ihrer Liste Meilensteine und Deadlines **(Tipp 7 – Smarte Meilensteine)**.

Wenn Sie Ihren To-Do-Listen-Status aktuell halten und Ihre Zeitschätzungen überprüfen, wissen Sie genau, was gerade zu erledigen ist und können auch kleine Zeitfenster nutzen. So vermeiden sie Leerläufe und klauen Ihrem inneren Schweinehund Ausreden, warum Sie gerade nichts tun können. Irgendeine Kleinigkeit auf Ihrer To-Do-Liste können Sie immer in Angriff nehmen!

Tipp 51 — Textbestandteile definieren
Berücksichtigen Sie alle Vorgaben

In unterschiedlichen Fachdisziplinen sind unterschiedliche Textsorten und Gestaltungskriterien üblich. Manche Kriterien sind ähnlich, manche sehr unterschiedlich. Auch die Arten der Textbestandteile unterscheiden sich: In den Naturwissenschaften ist immer ein separates Methodenkapitel vorgesehen, in den Geisteswissenschaften wird die Herangehensweise oft gemeinsam mit der Fragestellung dargestellt. Naturwissenschaftliche Vorgaben verlangen auch eine strikte Trennung zwischen Ergebnissen und deren Diskussion, während in qualitativen Arbeiten über literarische Werke oft beides Hand in Hand erläutert wird. Was in einem Fach ausführlich im Theorieteil aufgezeigt wird, finden wir in anderen Disziplinen schon in einer umfangreichen Einleitung. Folgende Textbestandteile sind allgemein üblich:

- **Theoretischer Teil:** Hier legen Sie alle grundlegenden Informationen Ihrer Arbeit dar. Sie bereiten theoretisch den Boden für Ihre Fragestellung auf, erläutern Positionen, Theorien und Sachverhalte, die für Ihre Fragestellung relevant sind.

  - **Einleitung:** Stellen Sie sich die Einleitung vor wie die Vorschau für einen Kinofilm oder einen Roman: Die LeserInnen sollen einerseits wissen was Sie erwartet, andererseits neugierig werden. Ein paar Highlights machen Gusto auf mehr, aber natürlich wird das Ende noch nicht verraten. Sie führen also in das Thema ein und grenzen die Rahmenbedingungen Ihres Schreibprojektes ab. Sie erklären Ihre Fragestellung und Zielsetzung und geben einen Ausblick über das Folgende, ohne die Ergebnisse vorwegzunehmen. In Fachtexten sollten Sie auch Orientierung über die jeweiligen Kapitelinhalte geben. Daher schreibt man die Einleitung erst ganz zum Schluss fertig.

  - **Forschungsfrage:** Manchmal ist dieser Part Teil der Einleitung. Bei Schreibprojekten in Studium und Schule wird oft ein zusätzlicher Unterpunkt dazu verlangt. Zunächst arbeiten Sie Ihre Forschungslücke heraus, um dann zu Ihrer Fragestellung überzugehen und ihre Relevanz zu begründen. Formulieren Sie Ihre Ziele oder Thesen und Hypothesen klar und legen Sie bereits kurz dar, welche Resultate Sie erreichen wollen und wie Sie das tun werden.

- **Theoriekapitel:** Hier stellen Sie die für Ihr Thema relevanten bisherigen Erkenntnisse, Theorien und Thesen Ihres Forschungsfeldes ausführlich und kritisch dar, beleuchten theoretische und historische Hintergründe, Zusammenhänge und deren Entwicklung. Falls es nicht schon in der Einleitung geschehen ist, zeigen Sie hier auch Forschungslücken auf und leiten daraus Ihre Fragestellung oder Zielsetzung ab.

- **Praktischer Teil:** Hier geht es tatsächlich um Ihre Leistung! Beschreiben Sie hier Ihre Methoden, Materialien und Ressourcen detailgenau. Dieser Teil hat häufig einen typischen Aufbau: Methoden, Material, Ergebnisse.

  - **Methoden:** Hier geben Sie zuerst theoretische Informationen zu Ihren Methoden und beschreiben dann exakt und im Detail, wie Sie praktisch vorgegangen sind. Zusätzlich begründen Sie die Wahl und genaue Ausformung Ihrer speziellen Methode. Das ist besonders dann notwendig, wenn Sie keine Standardmethode verwenden, sondern eine Methode adaptieren oder Ihre Herangehensweise selbst entwickeln. Eine Methode sollte so genau beschrieben sein, dass Sie für die LeserInnen nachvollziehbar oder gar reproduzierbar ist.

  - **Materialien:** Auch für alle Ressourcen, herangezogenen Quellen, Materialien, Untersuchungsobjekte oder Personen müssen Sie alle relevanten Details ausformulieren. Beschreiben Sie alle wichtigen Eckdaten, besonders wie Sie zu diesen Materialien und Ressourcen gekommen sind. Begründen Sie auch hier kurz, wieso die Wahl auf gerade diese Materialien, Objekte oder Personen gefallen ist. Manchmal verschmelzen auch das Methoden- und Materialkapitel.

  - **Ergebnisse:** Hier listen Sie alle Ergebnisse, die Sie selbst generiert oder herausgefunden haben, übersichtlich auf: Daten und deren Auswertungen, Dokumentationen, Abbildungen und Beschreibungen Ihrer Resultate oder Ihrer Produkte, systematische Darlegungen Ihrer gefundenen Kategorien, Muster und Erkenntnisse. Wenn Sie eher heuristisch arbeiten, macht es manchmal Sinn, die Ergebnisse und Ihre Herangehensweise Hand in Hand darzustellen, also Methoden und deren Ergebnisse pro Aspekt zusammenzufassen.

- **Diskussion:** Hier interpretieren Sie Ihre Ergebnisse vor den bisherigen Erkenntnissen und dem im Theorieteil dargelegten Hintergrund. Sie betten alle Ergebnisse in den wissenschaftlichen Diskurs ein, indem Sie Bezüge zwischen Ihren Erkenntnissen und bestehenden Positionen herstellen. Sie vergleichen, widerlegen, untermauern, fassen zusammen und bewerten. Schließlich ziehen Sie Schlussfolgerungen und argumentieren, was Ihre Ergebnisse Ihrer Meinung nach bedeuten und was nicht.

- **Konklusion, Zusammenfassung:** Am Schluss bringen Sie alles nochmal auf den Punkt: Sie fassen Ihre wichtigsten Ergebnisse und Erkenntnisse zusammen und erklären knapp und präzise, was diese bedeuten. Streichen Sie hervor, was Sie geleistet haben und wofür die Resultate Ihrer Arbeit nützlich sind. Geben Sie auch einen Ausblick auf praktische Anwendungsmöglichkeiten, theoretische Implikationen und auf aus Ihrer Erkenntnis resultierende neue Fragestellungen oder sinnvolle zukünftige Forschungsschritte.

- **Vorwort / Danksagung:** In einer (vor-)wissenschaftlichen Arbeit sind Vorwort und Danksagung der einzige Platz für Persönliches. Hier können Sie persönliche Positionen, Anmerkungen und Anekdoten unterbringen, die im fachlichen Haupttext keinen Raum haben. Danken Sie hier auch allen, die Sie bei Ihrem Schreibprojekt unterstützt haben!

- **Abstract:** Das Abstract fasst Ihr gesamtes Schreibprojekt kurz zusammen: Ihre Ausgangsfragestellung, Ihre Herangehensweise, Ihre Ergebnisse und deren Bedeutung. Daher schreiben Sie es am Besten erst ganz zum Schluss **(Tipp 91 – Writing Prompts for your Abstract)**.

Sichten Sie anhand bereits bestehender Texte Ihres Fachbereiches die dort üblichen Konventionen, welche Textbestandteile vorgegeben sind und was Sie typischerweise beinhalten.

Gliederungsarten auf der Mikroebene

Tipp 52

Jeden Abschnitt sinnvoll gliedern

So sehr auf der Makroebene ein einheitliches Gliederungsmuster die Übersichtlichkeit erhöht, auf der Mikroebene eines Textes ist es sinnvoll, für jeden Abschnitt eine passende Gliederungsart zu wählen. In diesem Buch ist beispielsweise auf der Makroebene eine dem Schreibprozess folgende chronologische Gliederung gewählt worden. Die Tipps in **Kapitel 1** sind hingegen anekdotisch gereiht, während dieses Kapitel eher hierarchisch aufbauend strukturiert ist.

Viele unterschiedliche Gliederungsarten sind möglich:

- **Chronologisch:** Sie präsentieren Ihre Inhalte wie sie in der zeitlichen Abfolge stattgefunden haben. Diese Gliederung bietet sich für Teile an, in denen Sie geschichtliche Hintergründe oder Ereignisse, Abläufe, Einzelfälle und Beobachtungen oder Erkenntnisprozesse darstellen. Auch einen theoretischen Diskurs können Sie chronologisch erzählen.

- **Diskursiv:** Von einer diskursiven oder argumentativen Gliederung spricht man, wenn Sie einen Diskurs entlang der unterschiedlichen Argumentationslinien darstellen. Für jeden Aspekt diskutieren Sie das „Für und Wider", These und Antithese. Sie stellen VertreterInnen unterschiedlicher Argumentationen und Ihre Argumente entlang konkreter Punkte gegenüber und beleuchten so die relevanten Abschnitte eines Diskurses. Diskussionen und Konklusionen sind oft derart gegliedert und auch in theoretischen Teilen ist eine argumentative Gliederung sinnvoll.

- **Hierarchisch:** Oft bietet es sich an, von einer übergeordneten Ebene ausgehend, untergeordnete Details zu erschließen, also Ebene um Ebene weiter in die Tiefe zu gehen. Eine Strukturierung vom Allgemeinen zum Besonderen ist in wissenschaftlichen Theoriekapiteln häufig. Auch der umgekehrte Weg ist möglich: Von der Darstellung einzelner Details zu darüberstehenden Ebenen vorzudringen. Hierarchische Gliederungen sind typisch für Ergebniskapitel, aber auch für die Beschreibung von Materialien und Methoden.

- **Anekdotisch:** Sie nehmen verschiedene Beispiele, Fälle oder Zitate als Aufhänger für Ihre Gliederung und erarbeiten daraus die einzelnen Inhalte. Diese Art der Gliederung ist sehr anschaulich und empfiehlt sich für alle einleitenden Passagen. Auch für die Ableitung von Erkenntnissen aus Beobachtungen, Fallbeispielen oder Interviews in praktischen Arbeiten ist ein anekdotischer Aufbau gut geeignet.

- **Didaktisch:** Hier versuchen Sie, die Teile so aneinander zu setzen, dass die LeserInnen ihnen am besten folgen können: Sie wecken zuerst Interesse, bemühen sich dann, die Spannung aufrecht zu erhalten und bis zum Schluss das Wesentliche zu vermitteln. Didaktische Gliederungen bieten sich für Anleitungen, Erklärungen und Beschreibungen von komplizierten Sachverhalten oder methodischen Abläufen an, aber auch in Diskussion und Konklusion für Argumentationen, die Ihre LeserInnen überzeugen sollen.

- **Nebeneinanderstehend:** Gleichwertige Textbausteine können einfach in beliebiger Reihenfolge aneinander gereiht werden, die einfachste Art der Gliederung.

Überlegen Sie sich genau, welche Gliederungsart für welchen Teilabschnitt Sinn macht. Meist sind mehrere Optionen passend und es ist Geschmackssache oder Stilfrage, nach welchen Kriterien Sie gliedern.

Kritische Darlegungen strukturieren

Tipp 53

Wie Sie überzeugend argumentieren

Auch eine überzeugende Argumentation will gut geplant sein. Im Prinzip folgt jede schlüssige Darlegung einem spezifischen Muster:

Ihre Ausgangsposition
- Legen Sie offen, auf welchen Grundannahmen, sogenannten Prämissen, Ihre Darlegung beruht.
- Leiten Sie in den Themenbereich ein, klären Sie den Rahmen Ihrer Erörterung.

Ihre These & Ziel der Darlegung
- Formulieren Sie Ihre These gleich zu Beginn!
- Was ist das Ziel Ihrer Darlegung? Welches Problem wollen Sie lösen?
- Was wollen Sie widerlegen? Was wollen Sie untermauern?

Argument A
- Formulieren Sie Ihre Argumente klar und präzise.
- Erklären Sie genau, was Sie meinen. Definieren Sie Begriffe.
- Suchen Sie ein gutes Beispiel, um Ihr Argument zu veranschaulichen oder zu stärken.

Gegenargument A
- Nehmen Sie mögliche Gegenargumente selbst vorweg.
- Schwächen oder widerlegen Sie Einwände, wenn möglich.
- Auch hier ist ein Beispiel zur Illustration sinnvoll.

Argumentationskette; Argumente B, C, D, ...
- Meist bilden aufeinander aufbauende Argumente ganze Argumentationsketten. Überlegen Sie, in welcher Reihenfolge Ihre Argumente Sinn machen.
- Prüfen Sie die Konsistenz Ihrer Argumentationen und vermeiden Sie zu große Lücken.
- Achten Sie auf Wiederholungen und sogenannte Tautologien: sich selbst erklärende Argumentationsschlingen.

Ihre Schlussfolgerung
- Eine gute Darlegung oder Argumentationskette soll zu einer aussagekräftigen Schlussfolgerung führen.
- Beziehen Sie Ihre Schlussfolgerung auf das anfangs dargestellte Problem, Ihre These, Ihr Ziel.
- Besonders überzeugend ist es, wenn Sie mit Ihrer Schlussfolgerung eine konkrete Lösung, fundierte Bewertung oder Anleitung formulieren können.

Ihre Schlussfolgerung kann aber auch wie ein Tempeldach von mehreren nebeneinander stehenden unabhängigen Argumenten oder Argumentationssäulen gestützt werden. Wichtig ist, dass alle Standbeine auf denselben Grundlagen basieren und jede Säule mit einem eigenen tragfähigen Resümee abschließt. Sie müssen dann die einzelnen Teilschlussfolgerungen in einem weiteren Schritt zu Ihrer abschließenden Erkenntnis zusammenführen.

Für sich allein stehende Argumente oder Beispiele machen keinen Sinn, es geht darum, einen tragfähigen Unterbau für Ihre Schlussfolgerung zu bauen. Prüfen Sie daher sowohl ihre Grundlagen als auch jeden einzelnen Baustein Ihrer Darlegung. Planen Sie genau, wo welches Argument oder Beispiel Ihre Schlussfolgerung optimal unterstützen kann, berücksichtigen Sie Gegenargumente und schließen Sie mögliche Lücken. Genauigkeit zahlt sich aus, denn eine solcherart aufgebaute Darlegung wird Ihre LeserInnen überzeugen.

Nicht ohne Exposé!
Verfassen Sie Ihr Exposé als Grundgerüst

Tipp 54

Auch bei kleinen Schreibprojekten macht es Sinn, ein Exposé zu schreiben. Bei Arbeiten in Schule und Studium wird meist etwas Ähnliches wie ein Exposé verlangt. Es dient als Wegweiser für Ihr Schreibprojekt und als Verhandlungsgrundlage mit Ihren BetreuerInnen. Auch im beruflichen Kontext müssen Sie oft das Grundgerüst eines Schreibprojektes im Vorhinein präsentieren.

Ein Exposé entwirft eine genaue Kurzdarstellung der geplanten Arbeit und bietet zusätzlich Raum, Ihre persönliche Motivation für dieses Schreibprojekt kundzutun. In Ihrem Exposé sollten Sie jeder der folgenden Fragen einen eigenen Abschnitt widmen:

- Was motiviert Sie, gerade dieses Schreibprojekt durchzuführen?
- Welche Fragestellungen wollen Sie klären, welche Ziele erreichen und warum?
- Was wollen Sie herausfinden oder demonstrieren und warum?
- Was soll das fertige Textprodukt beinhalten?
- Auf welchen Erkenntnissen, Theorien, Grundlagen, Problemen wollen Sie Ihre Arbeit aufbauen?
- Welche Quellen und Literatur wollen Sie verwenden und in welchem Umfang?
- Welche Methoden beabsichtigen Sie anzuwenden?
- Mit welchen Ressourcen (Personen, Objekten, Fällen, …) und Materialien möchten Sie arbeiten?
- Wie sieht Ihre vorläufige Gliederung und Dimensionierung der Arbeit aus?
- Bis wann sollen welche Etappen Ihres Schreibprojektes fertiggestellt sein?
- Welche Mittel und welche Formen der Unterstützung benötigen Sie für die Umsetzung?

Auch wenn es nicht gefordert wird, schließen Sie die Planungsphase Ihres Schreibprojektes unbedingt mit einem kleinen Exposé ab. Dadurch sehen Sie selbst Ihr Vorhaben und Ihre Zielsetzung klarer, was besonders bei empirischen und praktischen Projekten hilft, sich nicht zu verzetteln. Ihr Exposé dient Ihnen auch gleich als Grundgerüst des fertigen Textes, Sie können Ausschnitte davon für die Einleitung und die Anfänge der einzelnen Kapitel gut verwenden.

Tipp 55 — BetreuerInnensegen einholen

Tipps für erfolgreiche BetreuerInnen-Gespräche

Am Ende der Planungsphase sollte sich Ihr Schreibprojekt bereits klar herauskristallisieren. Holen Sie spätestens jetzt den Segen jener Personen ein, die Sie bei Ihrem Schreibprozess betreuen oder unterstützen sollen. Wird Ihr Projektentwurf offiziell eingereicht, wie bei vorwissenschaftlichen Matura-Arbeiten, wissenschaftlichen Abschlussarbeiten oder für Projektanträge, sollten Sie sich schon im Vorfeld regelmäßig mit den Verantwortlichen austauschen, um böse Überraschungen zu vermeiden.

Meist dient ein Exposé als Grundlage für eine Betreuungsvereinbarung. Anhand dieser detaillierten Projektplanung besprechen Sie, ob Ihre Vorstellungen von dem beabsichtigten Schreibprojekt übereinstimmen und passen Ihr Exposé gegebenenfalls an. Für gute, produktive und für beide Seiten konstruktive Gespräche mit BetreuerInnen gibt es ein paar Grundregeln:

- **Vorbereitung ermöglichen:** Überfallen Sie Ihre UnterstützerInnen nicht zwischen Tür und Angel, sondern warnen Sie sie vor. Vereinbaren Sie Termine rechtzeitig, kündigen Sie an, worum es Ihnen geht: Schicken Sie die wichtigsten Fragen, Themen und Ziele Ihres Gespräches am besten schon im Vorhinein. So ermöglichen Sie eine gewisse Vorbereitung und lenken bereits in die Richtung, in die das Gespräch für Sie gehen soll.

- **AutorInnen-Rolle einnehmen:** Wie Sie im Gespräch agieren, beeinflusst das Verhalten Ihres Gegenübers. Es macht einen Unterschied, wenn Sie auf Augenhöhe agieren und das Gespräch von Anfang an aktiv gestalten. Nehmen Sie selbst das Ruder in die Hand, indem Sie Fragen stellen, Ideen präsentieren und sich Raum im Gespräch nehmen, sonst wird Ihr Gegenüber diese Leere auffüllen. Dann werden Ihnen mitunter fremde Ideen aufoktroyiert, von oben herab Vorgaben gemacht und das Gespräch läuft eventuell in eine Richtung, die Ihnen gar nicht zusagt. Lassen Sie sich im Gespräch die Rolle als AutorIn Ihres Schreibprojektes nicht wegnehmen.

- **Realistische Erwartungen haben:** Ihre BetreuerInnen sollen Sie bei Ihrem Schreibprojekt unterstützen, es aber nicht statt Ihnen erledigen. Also erwarten Sie nicht, dass Ihre BetreuerInnen für Sie denken oder Ihre Arbeit machen. Auch wird eine gute BetreuerIn Ihre Arbeit nicht einfach unkritisch durchwinken, sondern Sie fördern und fordern, auf

Aspekte aufmerksam machen, die Ihnen entgehen könnten und Ihnen Beurteilungskriterien immer vor Augen halten.

- **Mit offenen Ohren kommunizieren:** Auch wenn es manchmal nicht leicht ist: Bleiben Sie Kritik Ihrer BetreuerInnen gegenüber offen. Versuchen Sie mit professioneller Distanz ruhig zu beurteilen, wie Ihr Schreibprojekt und Sie davon profitieren könnten und was davon Sie umsetzen wollen. Wenn Sie von Unterstützung profitieren wollen, müssen Sie auch Unbequemes annehmen können. Fragen Sie nach, ob Sie alles richtig verstanden haben und reflektieren Sie Ihre Position. Denken Sie in Ruhe darüber nach, wie Sie die kritischen Anregungen Ihrer BetreuerInnen nützen können, um Ihr Schreibprojekt zu verbessen.

- **Gegenseitige Wertschätzung:** Es geht um Ihr Schreibprojekt und nicht um etwas Persönliches. Auch wenn Sie in Sachfragen unterschiedlicher Meinung sind – bleiben Sie wertschätzend gegenüber der betreuenden Person und verlangen Sie umgekehrt auch wertschätzenden Umgang mit Ihnen selbst. Setzen Sie einerseits klare Grenzen, wenn Sie finden, dass Ihr Gegenüber Wertschätzung vermissen lässt. Andererseits: Niemand kann hellsehen, also machen Sie deutlich, was Sie brauchen, was Sie unterstützt und motiviert. Sagen Sie aber auch, was Sie zum gegebenen Zeitpunkt nicht hören wollen, weil es Sie in Ihrem Arbeiten blockieren würde. Die Kommunikation funktioniert am besten, je klarer Sie sagen, was Sie brauchen und was nicht.

- **Klare Vereinbarungen:** Fassen Sie schon während des Gespräches alle Vereinbarungen oder To-Dos schriftlich zusammen, damit keine Missverständnisse entstehen können. Setzen Sie gemeinsam weitere Termine und Schritte fest und unter welchen Bedingungen sich daran etwas ändern darf. Termine sollten nicht abgesagt werden, wenn ein geplanter Milestone nicht erreicht wurde – gerade dann brauchen Sie Unterstützung, um mit Ihrem Schreibprojekt weiter zu kommen!

Gehen Sie mit einem konkreten Arbeitsplan, optimalerweise mit einem Exposé zu Ihren BetreuerInnen und sichern Sie sich ab, damit Sie dann voller Elan in die richtige Richtung starten können!

6. Texte effizient lesen und grosse Literaturmengen erarbeiten

Um effizient mit Literatur und Texten zu arbeiten, müssen Sie unterschiedliche Lesearten beherrschen und zum passenden Zeitpunkt einsetzen können. Denn zu unterschiedlichen Phasen im Arbeitsprozess machen jeweils andere Lesetechniken Sinn. In diesem Kapitel erfahren Sie, wie einzelne Lesemethoden funktionieren, welche Sie wann am besten einsetzen und wie Sie verschiedene Methoden miteinander kombinieren, um Ihre angelesenen Informationen gut in Ihr Schreibprojekt zu integrieren. Auch zu den Rahmenbedingungen, die Ihnen das Lesen erleichtern und zum richtigen Exzerpieren und plagiatsfreien Paraphrasieren finden Sie im Folgenden ein paar Tipps.

Tipp 56 — Lesen ist nicht gleich lesen

Wann Sie wie lesen sollten

Im Laufe einer wissenschaftlichen Arbeit wenden Sie unterschiedliche Lese- und Arbeitstechniken an. Einige wurden bereits im Kapitel **Recherchieren (Kapitel 4)** behandelt, aber auch beim Lesen selbst gibt es Unterschiede: Sie variieren beispielsweise Ihre Lesegeschwindigkeit je nach Lesezweck und fokussieren in Texten unterschiedlich weit in die Tiefe. Aber eine Lesetechnik, die in einer Phase Ihres Schreibprojekts wichtig ist, kann in einer anderen Phase zu Verzögerungen und Verwirrung führen. Die folgende Tabelle gibt Ihnen einen Überblick, welche Lesetechniken Sie in welcher Phase Ihres Schreibprojektes **(Tipp 1 – Schreiben wie ein Profi)** anwenden sollten:

Überblickslesen um sich ein Thema zu erschließen	**In dieser Phase sollten Sie eigentlich kaum wirklich lesen, sondern nur Literatur sichten und Quellen recherchieren.** Ziel Ihrer Arbeit mit Literatur ist es, im Überblick alle Eckpunkte Ihres Themas zu erfassen. Es macht Sinn, jetzt schon mit dem Organisieren Ihrer Literaturverwaltung zu beginnen (auch entsprechende Software und Feeds zu installieren). Verwenden Sie **Schnelllesetechniken,** um viele Informationen **quer** zu **lesen** und **fragegeleitetes Lesen,** um Texte schnell einzuschätzen. Vermeiden Sie es, das langsame sinnerfassende Lesen auf Texte zu verschwenden, die vielleicht für Ihre Fragestellung gar nicht relevant sind. Eine Ausnahme bilden literarische Arbeiten, da sollten Sie das Werk, das Gegenstand Ihrer Arbeit ist, eigentlich schon zuvor gelesen haben.
Literatur finden und ordnen Zur Forschungsfrage passende Literatur finden und in Ihre Gliederung einordnen	**Noch immer lesen Sie nicht in die Tiefe, sondern überfliegen Texte nur, um Ihre Fragestellung zu präzisieren.** Wenn Sie bereits genau wissen, welche Informationen für Sie wichtig sind, müssen Sie die dafür geeignete Literatur und Quellen gezielt suchen, sie auswählen, bewerten und den jeweiligen Teilen Ihrer Arbeit zuordnen. Dafür eignen sich die **SQR-Methode, Entscheidungsmatrizen** und erste **Leseclusterings** gut.

Sinnerfassend lesen Literatur verstehen und in eigene Worte fassen	**Nun dürfen Sie endlich genau lesen!** Beim aktiven sinnerfassenden Lesen beginnen Sie mit der neuesten, von Ihnen als wichtig befundenen Literatur, nicht mit veralteten Basiswerken. **Verknüpfen Sie immer Lesen und Schreiben: Interviewen Sie Texte** mit der **SQ4R** Methode, **exzerpieren** Sie und **paraphrasieren** Sie direkt in ein **Leseclustering. Notieren** Sie auch kritische Gedanken und Fragen zu den Texten. So haben Sie bereits während des Lesens Teile Ihres Rohtextes verfasst.
Lesestopp Nichts lesen während Sie Rohtexte schreiben	**Lesen Sie möglichst nichts, während Sie schreiben wollen.** So ein Lesestopp hat einen guten Grund: Zu jedem Thema können Sie immer noch mehr lesen, aber das Gefühl „noch nicht genug gelesen zu haben" hält Sie vom Schreiben ab. Um vom Inputmodus „Lesen" in den Outputmodus „Schreiben" zu kommen, müssen Sie weiteren Text-Input stoppen. Maximal kurzes **„Nachlesen" als Schreibeinstieg** ist jetzt erlaubt.
Gezieltes Nachlesen um eigene Texte zu überarbeiten und zu ergänzen	**Beim ersten Überarbeiten müssen Sie Ihren eigenen Rohtext kritisch lesen, überprüfen und gezielt inhaltliche Lücken durch punktuelles Nachlesen füllen.** Hier setzen Sie wieder die **SQR-Methode** ein, um gezielt passende Texte für die Lücken zu suchen, recherchieren nach speziellen **Schlagwörtern** und ergänzen **Referenzen**, Definitionen, Beispiele und Zitate. Durch **genaues Nachlesen** überprüfen Sie Ihre **Aussagen, kontrollieren Zitate** und **schärfen Paraphrasen**. Vermeiden Sie es aber, beim Nachlesen zu viel Zeit mit Literatur über kleine Randthemen zu verbringen, Sie verzetteln sich sonst leicht.
Eigenen Text durchlesen, kritisch redigieren und sorgfältig korrigieren	**Am Schluss konzentrieren Sie sich ganz auf das genaue Lesen des eigenen Textes.** Andere Literatur nehmen Sie nur in die Hand, um Ihre **Literaturliste zu vervollständigen**, Quellen und Abbildungsverzeichnis zu **ergänzen**. In dieser Phase sollten Sie sich und anderen die eigenen Texte **laut vorlesen**, um Distanz zum eigenen Text zu bekommen. Verwenden Sie **fragegeleitetes Durchlesen** mit gezielten Überarbeitungsfragen wie „Welche Sätze könnte ich kürzen?" Lesen Sie fremde Texte in dieser Phase – weniger aus inhaltlichen Gründen, als um sich stilistische Anregungen für den sprachlichen Feinschliff zu holen.

Tipp 57 — Querlesen perfektionieren
Wie Sie mit Schnelllesetechniken Überblick bekommen

Schnelllesetechniken sind unerlässlich, um Literaturberge zu bewältigen. Beim schnellen Querlesen geht es nicht darum, einzelne Texte komplett zu lesen und zu verstehen, sondern darum in kurzer Zeit zu erfassen, worum es in dem Text geht und worum nicht.

Sie lesen im wahrsten Sinn quer durch den Text, um zu erfahren, welche Informationen wo versteckt sind. Quer darum, weil Sie tatsächlich Ihren Blick quer über die Seiten schweifen lassen sollten, um Texte schneller zu durchkämmen. Sie müssen vom Lese-Modus in den Seh-Modus wechseln: Versuchen Sie, weniger linear zu lesen, als den Text als Gesamtbild visuell zu erfassen. Denn unser visueller Sinn arbeitet sehr schnell und sehr zuverlässig. Geübte Power-Reader können aus einer großen Menge Text in Mindestzeit die wesentlichen Informationen herausfiltern. Sie erreichen dabei Lesegeschwindigkeiten von über 1000 Wörtern pro Minute – im Gegensatz zu den 150–400, die Sie (je nach Schwierigkeitsgrad des Textes) beim normalen Lesen schaffen.

Auch Sie können schnelles Querlesen in 2 Schritten trainieren:

Schritt 1: Vergrößern Sie Ihr Wahrnehmungsfeld:

- Versuchen Sie bewusst, den Text nicht zu lesen, sondern nur wie ein Bild anzuschauen.

- „Fotografieren" Sie den Text mit den Augen, indem Sie nur in die Mitte des Textes schauen und dann weiter blättern. Steigern Sie die Größe des Textteiles vom Satz zum Absatz und später zu einer ganzen Seite.

- Führen Sie Ihren Blick kreisend oder wellenförmig über den Text ohne zu lange an einem Wort zu verweilen.

Schritt 2: Steigern Sie Ihre Lesegeschwindigkeit:

- Geben Sie sich pro Seite nur eine Minute Zeit, um sie zu erfassen. Reduzieren Sie diese Zeitspanne auf bis zu 3 Sekunden und verwenden Sie eventuell ein Metronom zum Umblättern im Takt.

- Ihr Auge folgt Bewegung. Nützen Sie das und führen Sie Ihren Blick mit dem Finger oder einem Stift schnell über den Text: anfangs zeilenweise, dann schräg von links oben nach rechts unten.

- Drehen Sie Ihre innere Lesestimme ab. Versuchen Sie, nicht in Gedanken mit zu sprechen, denn Sie können viel schneller lesen als sprechen. Wenn Sie sich den Text im Geist vorlesen, verlangsamen Sie Ihre Lesegeschwindigkeit.

Schritt 3: Fokussieren Sie Ihr Leseinteresse:

- Definieren Sie, was Sie im Text suchen. Schnelllesetechniken sind auf das schnelle Finden und kurzfristige Merken vieler Textinhalte ausgerichtet. Sie instruieren Ihr Unterbewusstsein im Voraus, worauf Sie Ihren Fokus richten wollen. Am besten gelingt das mit frageleitetem Lesen **(Tipp 58 – Fragendes Lesen mit der SQR-Methode und Tipp 62 – Interview mit einem Buch)** oder mit Leseclusterings **(Tipp 63 – Das Leseclustering als Basistool)**, wo Sie Ihre Leseernte auch gleich festhalten können.

- Trainieren Sie das schnelle Erkennen von Bedeutungen. Lesen Sie im Telegrammstil, indem Sie nicht auf Füllwörter oder Adjektive achten, sondern nur auf aussagekräftige Begriffe und aktive Verben. Fokussieren Sie Ihre Aufmerksamkeit auf wichtige Passagen wie Abstract, Inhaltsverzeichnis, Zusammenfassung und Konklusion, aber auch Kapitelbeginn und Schluss oder hervorgehobene Passagen.

Schnelllesetechniken sind nicht geeignet, um sich komplizierte Inhalte aus Texten zu erarbeiten und zu merken. Sie sind aber sehr nützlich, um sich schnell einen fundierten Überblick und Orientierung in großen Textmengen zu verschaffen.

Tipp 58 — Fragendes Lesen mit der SQR-Methode:
Effizient Informationen aus Texten filtern

Haben Sie schon einmal einen Text gelesen und nachher festgestellt, dass Sie von dem Inhalt des Textes überhaupt nichts mitbekommen haben? Das passiert häufig, wenn Sie in Gedanken woanders sind. Wie viel Sie sich beim Lesen merken, hängt nämlich davon ab, wie aktiv Sie lesen. Gemeint ist, dass Sie bewusst aktiv mit dem Text arbeiten, denn passives Durchlesen kann rein automatisiert ablaufen, ohne dass Ihr Bewusstsein sich damit beschäftigen muss.

Damit Sie beim Lesen viele Informationen gewinnen und den Text verstehen, müssen Sie Ihrem Gehirn vorher sagen, worauf es aktiv achten soll: Sie müssen Ihre Leseaufmerksamkeit lenken. Sehr gut funktioniert das, indem Sie den Text nach Antworten auf vorher gestellte Fragen durchsuchen.

Aber welche Fragen kann man an einen unbekannten Text richten? Allgemeine Fragen nach bestimmten Details **(Tipp 25)** können Sie jedem Text stellen: Welchen Standpunkt vertreten die AutorInnen? Welche Literatur wird zitiert? Was steht darin über XY?

Um effizientere Fragen für das Lesen zu finden ist die *SQR-Methode* nützlich. Sie ist besonders geeignet, um sich in kurzer Zeit Überblick über die Inhalte von Büchern und Texten zu verschaffen. SQR ist eine fragegeleitete Lese-Methode in 3 Schritten:

S steht für Survey: Sie brauchen etwas Überblick über den Text, um sinnvolle Fragen an das spezifische Buch stellen zu können. Um diesen Überblick zu bekommen, überfliegen Sie Umschlagtexte, Klappentexte oder Abstracts und lesen Sie, was über die AutorInnen angegeben ist. Blättern Sie dann den Text kurz durch und achten Sie auf Überschriften und Untertitel, Abbildungen und Tabellen. Werfen Sie einen Blick auf Literaturverzeichnis und Glossar. Lesen Sie das Inhaltsverzeichnis besonders genau durch und lesen Sie an einigen vielversprechenden Stellen kurz tiefer hinein. Geben Sie sich wirklich nicht mehr als 2–3 Minuten für Ihre erste Durchsicht.

Q **steht für Question:** Nun legen Sie den Text beiseite und formulieren ein paar für Ihre Arbeit relevante Fragen, für die Sie (nach dem kurzen Survey) Antworten im Text vermuten. Formulieren Sie wirklich Fragen mit Fragezeichen am Ende, das aktiviert Ihren unterbewussten Suchradar besser als Stichworte. Je nach Umfang des Werkes sollten Sie nicht mehr als 3 Fragen mit maximal 3 Unterfragen pro SQR-Durchgang bearbeiten. Wenn Sie Ihre Konzentration auf zu viele Aspekte gleichzeitig aufteilen, bleibt pro Frage nicht mehr viel übrig. Lassen Sie Platz, um gefundene Antworten zu vermerken.

R **steht für Read:** Nun starten Sie mit gezieltem Querlesen: Legen Sie Ihre Fragen neben sich und machen Sie sich gezielt auf die Suche nach Textpassagen, die Antworten darauf beinhalten. Markieren Sie die Kapitel und Passagen (z.B. „Thema X Seite 34-56") und halten Sie pro Frage fest, wo Sie ergiebige Textstellen gefunden haben. Während des Lesens überspringen Sie getrost Stellen, die für die vorher formulierten Fragen unwesentlich sind.

Achten Sie darauf, mehr zu schauen als zu lesen – wenn Sie der Text an manchen Stellen in seinen Bann zieht, bleiben Sie stark und blättern Sie weiter, um noch mehr ergiebige Stellen zu finden. Auch für ein dickes Buch sollten Sie für ein solches Querlesen nicht mehr als 15 Minuten brauchen.

Nun haben Sie die relevanten Stellen für Ihre Fragen identifiziert und können besser beurteilen, wie gut der Text für Ihre Zwecke geeignet ist. Kopieren Sie selektiv die für spezielle Unterthemen identifizierten Abschnitte, um sich später fokussiert einlesen zu können – zum Beispiel mit der erweiterten fragegeleiteten Lesetechnik **SQ4R (Tipp 62)**. Besonders gut lassen sich Ihre Leseergebnisse dabei in einem Leseclustering **(Tipp 63)** festhalten.

Mit SQR-Methoden lesen Sie einen Text viel schneller, zielgerichteter und merken sich die relevanten Textinhalte besser.

Tipp 59 — Textbewertungsmatrix nützen
Wie Sie Literaturberge managen

Literaturberge zu managen, ist eine Herausforderung in jedem größeren fachlichen Schreibprojekt. Entweder gibt es viel zu viel scheinbar interessante Literatur oder Sie müssen sich durch Massen an unergiebigen Texten kämpfen, um für Sie relevante Informationen zu finden. Nachdem Sie Ihre Literatur gesichtet und gewichtet haben **(Tipp 48 – Literaturberge klein planen)**, können Sie die Texte auch nach unterschiedlichen Kriterien bewerten. Am einfachsten geht das mit einer Bewertungsmatrix:

Für eine nützliche Bewertungsmatrix müssen Sie Kriterien und Themen wählen, die für die Beantwortung Ihrer Forschungsfrage relevant sind. Vergeben Sie jeweils null bis drei Plus „+". So machen Sie die unterschiedlichen Potentiale der Texte für Ihre Arbeit sichtbar. Hier ein Beispiel mit allgemeinen, aber immer relevanten Kriterien:

Literatur/ Infomationsquelle	Up to date/ Aktualität	fachliche Relevanz	Spezielle Aspekte
Lehrbuch 4. Auflage 2011	++	0	+
Denett & Plit Review Paper 2010	++	+++	+
Meyers 2013	+++	+	+++
Monografie Bell 2006	0	+++	+++

Je nach Zielsetzung können Sie nun während Ihres Schreibprojektes immer zu den passenden Literaturquellen greifen: Am Anfang Ihres Schreibprojektes werden Sie nicht mit der Monografie von 2006 beginnen, auch wenn Ihre BetreuerInnen Bells Text für wichtig befinden. Denn einen guten Einstieg, um die Eckpunkte zu verstehen, bietet das Lehrbuch. Zusätzlich gibt Ihnen das relativ aktuelle Review Paper mit hohem Zitationsindex einen verlässlichen Überblick und weiterführende Literaturangaben. Wenn Sie später Ihren speziellen Aspekt X erarbeiten, greifen Sie zu den entsprechenden Kapiteln im Klassiker von Bell und integrieren die neuesten Ergebnisse von Meyers.

Um einzuschätzen, für welche Ihrer Fragen welche Literatur die meisten + verdient, können Sie auch ein Leseclustering **(Tipp 63)** verwenden. Wenn Sie mit einem Literaturverarbeitungsprogramm **(Tipp 35)** arbeiten, können Sie Ihre Bewertungen auch als Tags (Schlagworte) eintragen und dann sogar in unterschiedlichen Kombinationen danach suchen (beispielsweise nach „Aktualität +++" und „Aspekt X").

Ihre Literaturberge managen wird durch systematische Textbewertung einfach, Sie können gezielt mit Texten arbeiten, die dem gerade aktuellen Zweck entsprechen.

Spache/ Stil	Übersichtlichkeit	BetreuerIn-Vorgaben	?? Ihr ?? Aspekt X
+++	+++	0	0
++	+++	+	0
+	+	+	+++
++	+	+++	++

Tipp 60

Schreibend lesen

Verbinden Sie Lesen und Schreiben

Gerade wenn Ihr Schreibprojekt Sie in seinen Bann zieht, Sie einen interessanten Text nach dem anderen lesen, sammeln Sie Unmengen an Informationen in Ihrem Kopf: Sie werden zu ExpertInnen. Sehr lange ausschließlich zu lesen, führt allerdings später oft zu Schreibblockaden: Sie wissen dann nicht, wo und wie Sie zu schreiben beginnen sollen. Verständlich, wenn große Mengen angelesenen Wissens durch das Nadelöhr des Schreibens Buchstabe für Buchstabe aufs Papier drängen, gibt es fast zwangsläufig geistige Verstopfungen und Inhaltsstau.

Vermeiden Sie spätere Schreibblockaden, indem Sie schreibend lesen. Wandeln Sie den fremden Input aus der Literatur schon während des Lesens unmittelbar in eigenen Output um. Außerdem erhöht sich Ihr Verständnis des Textes, wenn Sie darüber schreiben und dann Ihre eigenen Worte darüber lesen. Durch gleichzeitiges Lesen und Schreiben bekommen Sie kritische Distanz zum Gelesenen, betrachten die Texte analytischer und lassen sich nicht so leicht von der Perspektive der AutorInnen überrollen. Gleichzeitig halten Sie Ihre Leseergebnisse fest und ersparen sich damit, später alles nochmal nachlesen zu müssen.

Eignen Sie sich Texte schreibend an, indem Sie Anmerkungen dazuschreiben, Stellen markieren (wenn Sie nicht in Bücher schreiben wollen, arbeiten Sie mit Kopien) und Seiten mit beschrifteten Haftzetteln versehen. Verwenden Sie unterschiedliche themenspezifische Farben (etwa blau für Wichtiges, rot für Zweifelhaftes und Fragen, gelb für eigene Gedanken und Ideen zum Text) oder stenografische Kürzel, Zeichen und Symbole für Ihre Lesenotizen. Verfassen Sie Exzerpte **(Tipp 61)**, Leseclusterings **(Tipp 63)** oder Kommentare zu Ihren Texten, egal ob klassisch auf Karteikarten, mit Kommentarfunktionen in digitalen Dokumenten oder online in Ihrem Literaturverwaltungsprogramm **(Tipp 35)**.

So erarbeitete Texte bleiben Ihnen viel besser in Erinnerung. Sie haben sie bereits in eigene Worte umgewandelt und mit eigenen Gedanken verknüpft, daher lassen sie sich später leichter in Ihr Schreibprojekt integrieren.

Nützliche Exzerpte schreiben

Tipp 61

Vom Zusammenfassen zum Referenzieren

Um wiederzugeben, was in der Literatur steht, ist das Zusammenfassen von Textinhalten nützlich, das Exzerpieren. Ein Exzerpt reduziert den Text auf die wichtigsten Informationen, die es beinhaltet:

- bibliografische Angaben über AutorInnen, Publikations- oder Abrufdatum, Medium und wissenschaftlichen Kontext,

- einen Überblick der Kernaussagen des Textes in eigenen Worten (paraphrasiert),

- die wichtigsten Aussagen zusätzlich auch wörtlich zitiert (mit Seitenangabe),

- die von den AutorInnen verwendeten Fachbegriffe und Definitionen.

Exzerpieren bedeutet immer, Unwichtiges wegzulassen und die Inhalte eines Textes auf das Wesentlichste zu komprimieren. Sie müssen sich also im Reduzieren üben. Das geht am besten schrittweise: Schreiben Sie eine erste Zusammenfassung und verdichten Sie diese einen Tag später zu einer Kurzfassung der Zusammenfassung (in Karteikartenumfang).

Für (vor-)wissenschaftliche Schreibprojekte brauchen Sie aber meist mehr als eine zusammenfassende Inhaltsangabe, Ihr Exzerpt sollte die Worte der AutorInnen referieren. Kruse (2010) macht die Besonderheit einer „referierenden Zusammenfassung" deutlich: Sie übernehmen hier nicht den Blickwinkel der AutorInnen, sondern referieren, was „der Autor des referierten Textes getan, beabsichtigt, gedacht oder erforscht hat.". Also statt: „Eine referierende Zusammenfassung ist ...", formulieren Sie etwa „Laut Kruse ist eine referierende Zusammenfassung ...". Mittels unterschiedlicher „Verben des Referierens" **(Tipp 84 – Ohne Plagiat korrekt zitieren)** erreichen Sie bereits in Ihrem Exzerpt den typischen Stil wissenschaftlicher Literatur. Wenn Sie Ihre Literatur nicht nur inhaltlich zusammenfassen, sondern kritisch aus eigenem Blickwinkel entlang Ihrer Fragestellung referieren, brauchen Sie später versehentliche Plagiate beim Paraphrasieren nicht zu befürchten.

Tipp 62 — Interview mit einem Buch

Mit den SQ4R- Schritten sinnerfassend Lesen

Bei (vor-)wissenschaftlichen Schreibprojekten wollen Sie nicht nur lesen, um Informationen zu sammeln, Sie müssen auch den fachlichen Diskurs erfassen und wiedergeben können. „Ich muss diesen Text lesen", klingt langweilig und nicht besonders motivierend. Sie lesen Literatur für Ihr Schreibprojekt ja nicht um des Lesens willen, sondern um zu erfahren, was dieser Autor oder jene Expertin zu einem bestimmten Thema zu sagen hat. Lesen hat also viel gemeinsam mit Zuhören. Sehen Sie Lesen als ein Gespräch mit den AutorInnen, dann wird es gleich viel spannender, besonders wenn Sie sich auch aktiv einbringen können.

Führen Sie Interviews mit Ihren Texten

Sinnerfassendes Lesen funktioniert besser, wenn Sie sich vorstellen, Sie führen ein Interview mit dem Text. Fühlen Sie sich dabei als JournalistIn, der / die das Gespräch lenkt, präzise Fragen stellt und aufmerksam zuhört. Und dann natürlich einen tollen Artikel darüber schreibt.

Wie würden Sie als JournalistIn vorgehen?

	Journalistisches Interview	Text-Interview
1.	**Hintergrundrecherche zu Ihrem Interview**	
1.	Gute Journalistinnen bereiten sich genau auf ein Interview vor: Sie holen vorab Informationen ein und überlegen, auf welche Fragen und zu welchen Themen die Person interessante Antworten bieten könnte. Sie kennen auch Umfeld und Hintergründe, um kritisch nachhaken zu können.	Überblicken Sie kurz Textart und Hintergrund um herauszufinden, was der Text beinhalten könnte. Sichten Sie dafür Abstracts, Einleitung, Inhaltsverzeichnis und Überschriften. An welches Publikum ist der Text gerichtet? Recherchieren Sie etwas zu den AutorInnen, um eine Vorstellung von deren Fokus und theoretischer Ausrichtung zu bekommen.

2.	**Gute Fragen vorbereiten und gewichten**	
2.	Spannende Fragen sind essentiell für ein gutes Interview. JournalistInnen formulieren daher im Vorhinein konkrete Fragen. Sie wissen auch, zu welchen Themen Sie unbedingt Antworten möchten und haben ein paar zusätzliche Unterfragen parat, falls genügend Zeit bleibt.	Überlegen Sie sich interessante Fragen für Ihr Text-Interview und notieren Sie sie im Vorhinein. Es zahlt sich aus, richtige Fragen zu formulieren, nicht nur Themenstichworte. Was wollen Sie genau wissen? Gewichten Sie Ihre Fragen: Was wollen Sie von dem Text auf jeden Fall erfahren? Warum wollen Sie gerade dieses Buch / diesen Text interviewen? Was würde Sie noch interessieren?
3.	**Interview führen: Hören Sie aufmerksam zu, was gesagt wird**	
3.	Besonders gute Politik-JournalistInnen hören sehr aufmerksam zu, um an interessanten Stellen einzuhaken und nachzufragen. Außerdem konzentrieren Sie sich auf Ihre gestellte Frage. So können Sie schnell intervenieren, wenn InterviewpartnerInnen abschweifen und eine klare Antwort auf Ihre Frage fordern.	Lesen Sie langsam und genau. Hören Sie im Detail heraus, was gesagt wird. Um aufmerksamer zuzuhören, können Sie den Text auch laut lesen. Merken Sie, dass es gerade nicht um Ihre Themen geht, wechseln Sie in den Querlesemodus, bis Sie wieder etwas Interessantes entdecken. Sie können auch spontan differenziertere oder neue Fragen hinzufügen. Lassen Sie sich aber durch den Text nicht zu weit von Ihrem Thema wegführen.
4.	**Während des Lesens alles Wichtige notieren und zuordnen**	
4.	Trotz moderner Aufnahmegeräte machen sich die meisten JournalistInnen bei Interviews handschriftlich Notizen. Sie notieren die wichtigsten Inhalte, besondere „Sager" („Super-böse Aussage über Chef!!!") oder Punkte, die Sie kritisieren und in der nächsten Frage ansprechen wollen, („andere Meinung als XY in gestriger Pressekonferenz").	Halten Sie schon beim Lesen alles Wichtige schriftlich fest – entweder direkt im Text oder am besten mittels Leseclusterings **(Tipp 63)**. Markieren Sie zumindest relevante Stellen im Text. Übersichtlicher wird es, wenn Sie dafür unterschiedliche Farben verwenden **(Tipp 60 – Schreibend lesen)**. Arbeiten Sie mit Kürzel-Systemen, aber so, dass Sie später noch wissen, was mit jeder Notiz gemeint war.

5.	**Interviewergebnis bewerten**	
5.	In einem guten Interview-Artikel nehmen Journalisten durchaus Bewertungen vor und ziehen Querverbindungen. Sie machen deutlich, wenn eine Frage nicht beantwortet wurde und analysieren, wo die Antworten und Meinungen übereinstimmen und wo sie sich unterscheiden. JournalistInnen stellen auch oft weiterführende Fragen und Zusammenhänge her und fügen eigene Schlussfolgerungen, Interpretationen oder Zukunftsvisionen hinzu.	Starten Sie nun den Review-Prozess, indem Sie sich Ihre Notizen unmittelbar nach dem Lesen durchschauen und ergänzen. Bewerten Sie die gewonnenen Erkenntnisse und halten Sie sie fest. Haben Sie Antworten auf all Ihre Fragen bekommen? In welchem Ausmaß? Wie bewerten Sie selbst die Aussagen? (etwa „ Meyer gibt dieselben Argumente an wie schon im Artikel 5 Jahre davor, ohne auf XY neue Studien einzugehen" oder „Argument A nicht überzeugend, weil ich finde ..."). Ziehen Sie auch Vergleiche und Querverbindungen zu Ihrem Hintergrundwissen und schreiben Sie ihre Gedanken dazu nieder.
6.	**Artikel oder Exzerpt schreiben**	
6.	In einem guten Artikel steht nie das gesamte Interview. JournalistInnen, fassen zusammen und kürzen auf die für das Thema interessanten Teile. Sie lassen Ihre Interview-PartnerInnen nur mit den knackigsten Originalzitaten selbst zu Wort kommen. Zusätzlich bewerten Sie die einzelnen Aussagen, stellen sie in einen größeren Zusammenhang und in Bezug zueinander.	Legen Sie den gedruckten Text außer Sichtweite, bevor Sie Ihre Zusammenfassung schreiben. Das erleichtert Ihnen, die gelesenen Inhalte in eigenen Worten zu formulieren. Schreiben Sie eine referierende Zusammenfassung **(Tipp 89)** aus eigener Perspektive. Verwenden Sie dazu alles, was sie bisher stichwortartig notiert haben: Die wesentlichen Aussagen samt Zitaten, Ihre Bewertungen und eigenen Gedanken, neue Fragen und Ihre Schlussfolgerungen.

Mit einem solchen Text-Interview verstehen Sie Ihre Literatur nicht nur tiefer gehend, Sie schaffen bereits beim Lesen nützliches Basismaterial, um später Ihre Rohtexte zusammenzubauen.

Das Leseclustering als Basistool

Tipp 63

Diskurs erfassen leicht gemacht

Mit einem Leseclustering (Wolfsberger, 2007) oder einer Lesemindmap (Boeglin, 2007) können Sie die Ergebnisse von fragegeleitetem Lesen **(Tipp 58)** oder mehreren Text-Interviews **(Tipp 62)** sammeln und bündeln. Die große Stärke solcher Leseclusterings ist, dass Sie damit Informationen aus unterschiedlichen Texten und Quellen schon beim Lesen entlang Ihrer Fragestellungen zusammenführen können. Das bildet die Grundlage für spätere gute wissenschaftliche Texte: statt fade Literaturwiedergaben an Literaturwiedergaben zu reihen, stellen Sie Bezüge zwischen den Aussagen verschiedener Texte her und betten Ihre Fragestellungen, Themen und Ihre eigenen Positionen in den aktuellen Diskurs ein.

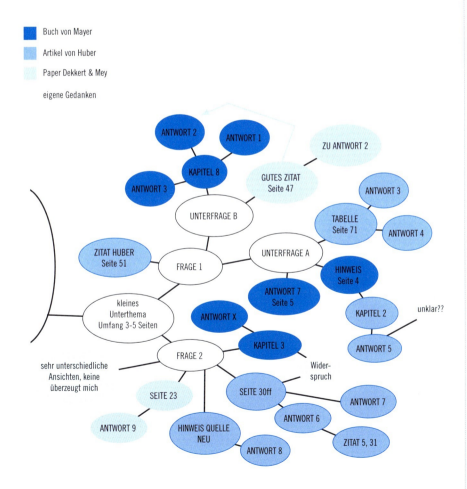

Und so funktioniert es: Nehmen Sie ein großes Blatt Papier, am besten quer. Schreiben Sie in die Mitte die Fragestellung oder das Thema, zu dem Sie gerade Literatur erarbeiten wollen. Nehmen Sie beispielsweise einen Ausschnitt aus Ihrem Gliederungscluster **(Tipp 46)** und verfeinern Sie diesen mit differenzierteren Fragen und Unterpunkten. Jetzt können Sie entweder Frage für Frage oder Text für Text unterschiedliche Informationsquellen auswerten. Schreiben Sie alle Informationen stichwortartig in Ihrem Lesecluster zusammen, auch Ihre eigenen Gedanken dazu. Kennzeichnen Sie dabei, welche Information woher stammt, beispielsweise mit einem Farbschema.

Der Vorteil dieser visuellen Darstellung ist, dass Sie die erlesenen Informationen auch optisch rund um Ihre Fragestellungen positionieren. So können Sie Relationen, Querverbindungen und Widersprüche gebündelt festhalten und vernetzt sichtbar machen. Am besten geht das mangels tauglicher Software mit der Hand – oder Sie zweckentfremden flexible Präsentationstools wie prezi (www.prezi.org) dafür.

Je ausführlicher Sie Ihre Lesecluster mit Details und bibliografischen Angaben spicken, desto besser können Sie sie zum Schreibeinstieg **(Kapitel 7 – Erstentwurf)** nutzen. Das erleichtert es Ihnen später, gekonnt zu paraphrasieren und eigene Texte über Gelesenes zu schreiben.

Die Gerüchteküche als Zitiermodell

Tipp 64

Paraphrasieren und referenzieren ohne Plagiat

Wissenschaftliche Texte ähneln Tratsch auf hohem Niveau: Sie geben genau wieder, wer was herausgefunden hat, von wem wer was erfahren hat, wer was über wen gesagt hat und was die einzelnen Personen über die Aussagen der anderen denken. Dabei sind nicht nur die Inhalte selbst wesentlich, sondern auch, wer und wie viele andere Wissenschaftler einer Aussage zustimmen oder nicht. Gerüchte, die nur eine unbekannte Person mit schlechten Referenzen verbreitet, gelten als nicht sehr glaubwürdig. Etwas als eigene Leistung oder Idee auszugeben, kommt auch nicht gut an und wird in der Gerüchteküche schnell entlarvt – ebenso wie Plagiate bei wissenschaftlichen Texten.

Paraphrasieren wird plötzlich ganz einfach, wenn Sie sich vorstellen, Sie würden Ihren LeserInnen ein Gerücht ganz genau weitererzählen wollen, auch wie und von wem Sie davon gehört haben, welchen Weg das Gerücht genommen hat und was Sie darüber denken:

„Der Mayer hat ja angeblich schon 2005 über dem Huber seine Theorie von 2003 geschrieben, dass sie für diesen Fall nicht passen würde, hab ich neulich 2012 beim Dekkert erfahren."

Schon haben Sie ein korrektes und plagiatsfreies **Sekundärzitat**, indem eindeutig klar ist, welchen Ursprung Ihre Information hat. Sie müssen es nur noch sprachlich überarbeiten **(Tipp 84 – Ohne Plagiat korrekt zitieren)**. Auch Ihre eigene Meinung können Sie einfließen lassen und mit einem Beispiel belegen:

„Mir erscheint das sehr überzeugend, es passt auch zu dem speziellen Fall, den Mey 2010 beschrieben hat: …."

Wollen Sie Ihr Gegenüber von Ihrer Meinung überzeugen, versuchen Sie das oft mit einer starken **Referenz**:

„Der berühmte Milwitsch, Experte für genau das (vergleiche Buch X, 2003, Artikel Y, 2011), hat ja auch in seinem neuesten Artikel (2012) gesagt, dass die Theorie vom Huber (2005) bei weitem nicht in allen Fällen passen würde."

Hier würden Sie eventuell nicht nur paraphrasieren, sondern sogar ein Originalzitat anführen:

„Darin steht wortwörtlich auf Seite 374: „Mayers Theorie ist nur auf wenige Einzelfälle in diesem speziellen Bereich anwendbar."

Auch Ihre eigene Meinung setzen Sie in Bezug zu den Aussagen anderer, **Sie betten Ihre Position in den Diskurs ein**.

„Ganz schön kritisch zum Huber (2003), der Milwitsch (2012), ich seh' das nicht ganz so extrem. Ich halt mich da an Dekkert & Mey, die grad neulich (2013) meinten, für Fälle mit Aspekt A wär' Hubers Theorie super, für Fälle der Art B aber gar nicht. Mir scheint sie ja auch für Fälle C sinnvoll, weil ..."

Das Prinzip ist immer gleich: Sie müssen deutlich machen, welche Aussage von wem und von wann stammt, dann erübrigt sich die Plagiatsgefahr wie von selbst.

Ein optimales Leseambiente

Tipp 65

Texte besser verstehen durch bessere Lesebedingungen

Lesen ist anstrengend. Die Prozesse, die beim sinnerfassenden Lesen in Ihrem Gehirn ablaufen, sind um einiges komplexer als beispielsweise beim Autofahren. Bei schlechten Lichtverhältnissen, falsch eingestellter Sitzposition oder dauernder Ablenkungen durch Kinder, Handy oder E-Mails konzentriert zu fahren, ist schwierig. Noch schwieriger ist es, unter solchen Bedingungen Texte zu verstehen.

Wollen Sie also auch beim Lesen schneller und sicherer ans Ziel kommen, sorgen Sie für optimale Rahmenbedingungen:

- Schaffen Sie sich **bequeme Leseorte**: Ein gemütlicher Lehnsessel, eine kuschelige Couch, eine Hängematte im Grünen – Sie können nie genug angenehme Leseorte haben.

- Achten Sie auf **gutes Licht**, nicht zu dunkel, aber auch nicht zu viel Kontrast zur Umgebung. Bei passendem Licht können Sie Ihre Konzentration beim Lesen wesentlich länger aufrechterhalten.

- Sorgen Sie für **ausreichend Energiezufuhr**, denn Lesen ist extrem anstrengend, auch wenn Sie scheinbar still sitzen. Legen Sie sich erfrischende Getränke, Obst und Nüsse, Schokolade oder Tee und Kekse bereit und füttern Sie Ihre Energiespeicher beim Lesen!

- Machen Sie **genügend Pausen**. Das gibt Ihrem Hirn die Möglichkeit, Gelesenes zu verarbeiten, sich kurz zu erholen und aufzutanken für die nächste Leseetappe.

- Sie sollten Ihren **Geist wach halten**: Trinken Sie vor dem Lesen ein aktivierendes Getränk wie Kaffee oder Tee und versetzen Sie Ihren Geist durch körperliche Bewegung in Schwung **(Tipp 13)** – auch zwischendurch in kurzen Lesepausen. Wählen Sie Zeiten zum Lesen, in denen Sie ausgeschlafen und in geistiger Bestform sind.

- Tun Sie alles, um **Ablenkung** zu **vermeiden**: Eliminieren Sie alles, was Ihre Konzentration stört: Fernseher und Handy ausschalten, Facebook und E-Mailbenachrichtigung ebenfalls. Laute einzelne Geräusche stören mehr als ein einheitliches Hintergrundrauschen. Ruhig plätschernde Musik oder die Geräuschmischung eines Kaffeehauses steigern sogar die Konzentration (Gibt's auch für zu Hause http://www.coffitivity.com).

Wie beim Autofahren gilt auch beim Lesen: Nicht zu lange Stücke auf einmal. Auch Lesen funktioniert automatisiert, Sie merken nicht, dass Sie übermüdet sind und nichts mehr mitbekommen. Sogar Sekundenschlaf gibt es beim Lesen und Sie kommen am Ende des Textes an, ohne sich zu erinnern, was Sie gelesen haben. Dimensionieren Sie darum Ihr Lesepensum immer nach Ihrer aktuellen Verfassung und dem Schwierigkeitsgrad der Lesestrecke, dann können Sie viel mehr aus den Texten herauslesen!

Leseblockaden lösen

Tipp 66

Wie Sie schwierige oder fremdsprachige Texten lesen

Manche Fachtexte lesen sich, als wären Sie in einer Fremdsprache geschrieben. Das sind Sie auch – die meisten Fachsprachen sind tatsächlich eigene „Dialekte", die Sie erst erlernen müssen. In Wissenschaftssprachen werden spezielle Vokabel, Phrasen und Stilmittel verwendet, Sachverhalte werden eigentümlich genau umschrieben und statt klaren Aussagen sind widersprüchliche Referenzen gebräuchlich. Einiges sagt man hier nicht so, wie Sie es gewohnt sind oder verwendet es kaum, wie etwa das Wörtchen „ich".

Oft müssen Sie auch Texte in einer Fremdsprache lesen, um zu Originalinformationen zu kommen. In vielen Fachbereichen ist die Wissenschaftssprache Englisch oder Sie bearbeiten Werke und Quellen in anderen Sprachen. Egal ob fremdsprachige Texte oder Wissenschaftskauderwelsch, um Lesefrust zu vermeiden, wenden Sie am besten eine 4-teilige Lesestrategie an:

1. Kontext überblicken

- Versuchen Sie, schon vor dem Lesen Informationen über AutorIn, Zeitpunkt der Veröffentlichung und die Bedeutung des Textes einzuholen, dann ergeben sich manche Dinge aus dem Kontext.

- Blättern Sie zuerst den ganzen Text oberflächlich durch, um einen Überblick zu haben, wo welche Informationen enthalten sein können und worum es in diesem Text geht.

2. Erster Lesedurchgang zum Erfassen

- Drucken Sie den Text aus, am besten in großer Schrift und mit Raum für Notizen. Lesen Sie auf Papier und achten Sie besonders auf eine angenehme Leseatmosphäre **(Tipp 65)**, das ist weniger anstrengend für Auge und Gehirn. So haben Sie mehr Energie für das Verstehen des Textes übrig.

- Lesen Sie den Text (oder die Texteinheiten) ohne Unterbrechung einmal komplett durch. Unterbrechen Sie Ihren Lesefluss nicht, wenn Sie etwas nicht verstehen (das ist beim ersten Durchgang normal), sondern markieren Sie die unklaren Wörter oder Stellen im

Text und lesen Sie weiter. Oft erschließt sich die Bedeutung einzelner Termini später aus dem Zusammenhang.

- Fassen Sie die Kernaussagen kurz zusammen: Worum geht es in dem Text? Was haben Sie verstanden? Was ist Ihnen noch unklar? Betrachten Sie Ihr Leseergebnis differenziert und positiv – irgendetwas haben Sie sicher verstanden.

3. Sprachverständnis verbessern

- Nun schlagen Sie die markierten Termini und Phrasen nach und schreiben die Bedeutung gleich im Text dazu. Sehr zu empfehlen ist die Verwendung von frei verfügbaren Online Wörterbüchern und Übersetzungs-Tools wie www.leo.org oder anderen. Hier finden Sie zusätzlich Foren, in denen Phrasen und unterschiedliche Bedeutungen diskutiert werden. Außerdem gibt es für jedes Fach spezifische Onlinewörterbücher – nutzen Sie diese zeitsparenden Technologien!

- Lesen Sie sich unklare Sätze laut vor und versuchen Sie, zuerst die Satzstruktur zu entschlüsseln. Die eigentliche Aussage wird oft erst beim Entschachteln deutlich.

- In englischen Texten finden sich relevante Verständnishinweise oft am Anfang und Ende eines Absatzes: Lesen Sie rund um die unklare Stelle, vielleicht finden Sie so die Bedeutung heraus.

4. Zweiter Lesedurchgang zum Verstehen

- Lesen Sie nun den Text ein zweites Mal langsam durch. Mit all den geklärten Bedeutungen sollten sich Ihnen nun auch unklare Stellen erschließen und Sie den Text besser verstehen.

- Überprüfen Sie die vorher zusammengefassten Kernaussagen auf Ihre Richtigkeit und ergänzen Sie wichtige Details.

- Notieren Sie genau, was immer noch unverständlich geblieben ist, dann können Sie eine sprachkompetente Person fragen. Manchmal ist tatsächlich der Text unklar geschrieben und es liegt nicht an Ihnen!

Beim Lesen wissenschaftlicher und nicht muttersprachlicher Texte halbiert sich ganz automatisch Ihre Lesegeschwindigkeit. Kalkulieren Sie also für solche Texte die doppelte Lesedauer und mehrere Lesedurchgänge ein. Gönnen Sie sich genügend Zeit, um schwierige Texte zu erarbeiten!

7.
IHREN ERSTENTWURF AUFS PAPIER BRINGEN, INDEM SIE SICH UNFERTIGE ROHTEXTE ERLAUBEN

Schreiben ist ein kreativer Akt: Sie schaffen mit Worten etwas Neues, so wie ein Komponist ein Musikstück komponiert. Dabei ist zunächst kein analytisches Denken wichtig, sondern Ihre Kreativität. Die methodische Trennung von dieser kreativen schöpferischen Phase und dem darauf folgenden Überarbeiten, ist durch viele Erkenntnisse der Schreibforschung als erfolgreichste Schreibstrategie belegt. Im deutschsprachigen Raum herrscht aber noch oft die Idee vor, Sie müssten jeden Satz im Geist bereits perfekt vorformuliert haben, bevor Sie ihn aufs Papier schreiben dürfen. Diese Art des Schreibens kam in der Zeit des Schreibmaschinenschreibens auf, wo man einmal getippte Texte nur mühsam überarbeiten konnte, sie führt aber oft zu Schreibblockaden und sperrigen, stückhaften Texten. Schreiben funktioniert viel besser, wenn Sie sich erlauben, einen unfertigen Rohtext aufs Papier zu bringen.

In diesem Kapitel erfahren Sie, wie Sie Ihr Schreiben mit Freewriting-Techniken erleichtern, Ihre Produktivität durch „Shitty First Drafts" erhöhen und was Sie dabei unterstützt, flüssigere harmonische Texte zu generieren und Ihren Erstentwurf schnell aufs Papier zu bringen.

Tipp 67 — Schreiben als Ihr Auftritt vor Publikum
Professionalisieren Sie Ihr Schreibverhalten

Schreiben als speziell menschliche Verhaltensweise ist schon lange Gegenstand intensiver Forschung. Bereits in den 1960er Jahren hat Skinner (Bolker, 1997) über *Verbal Behaviour* geschrieben und analysiert, unter welchen Bedingungen erfolgreiches Schreibverhalten besonders häufig auftritt und welche Aspekte verursachen, dass Menschen nicht schreiben können. Die Erkenntnisse der Schreibforschung können Sie nutzen: Erleichtern Sie Ihr Schreiben, indem Sie Ihr Schreibverhalten professionalisieren.

1. **Schaffen Sie viele unterschiedliche Schreibplätze.** Suchen Sie verschiedene Orte, die Sie zum Schreiben inspirieren. Erfolgreiche AutorInnen haben meist ein Portfolio an Schreiborten zur Auswahl, sodass Sie für jede Stimmung und jede Art zu schreiben den passenden Platz wählen können. Probieren Sie unterschiedlichste Schreiborte aus und finden Sie heraus, welche Umgebung Sie wobei stimuliert: Was fließt Ihnen jeweils am Schreibtisch, im Bett, in der Hängematte, im Grünen, am Wasser, im Kaffeehaus, in der Bibliothek oder am Küchentisch aus der Feder?

2. **Konditionieren Sie sich auf spezielle Schreiborte:** Wenn Sie gute Schreiborte gefunden haben, behalten Sie sie bei. Klassische Konditionierung wirkt nicht nur bei Pawlows Hund: Wenn Sie oft genug an einem Ort geschrieben haben, kommen Sie dort ganz von selbst in Schreibstimmung. Wie gut so eine Konditionierung funktioniert, berichten manche SchriftstellerInnen, die irgendwann nur noch an einem ganz speziellen Ort oder mit einem besonderen Füller schreiben konnten.

3. **Verwenden Sie erfreuliche Arbeitsmaterialien.** Es ist einfach netter, auf dem neuen Laptop zu schreiben, als auf der alten klappernden Tastatur, bei der schon seit Jahren die Leertaste klemmt. Materialien, mit denen Sie erfreuliche Gefühle verbinden, übertragen diese positive Stimmung auch auf Ihr Schreiben: Ein Stift, der Ihnen gut in der Hand liegt, die Schreibmaschine, mit der Sie Ihre besten Texte verfasst haben, das neue coole Netbook, das besonders schöne Notizbuch, das Sie extra für Ihr Schreibprojekt geschenkt bekommen haben. Gönnen Sie sich schöne

Schreibutensilien, damit messen Sie Ihrem Schreibprojekt Bedeutung bei. Und das Schreiben macht mit edlen Materialien einfach mehr Spaß.

4. **Gestalten Sie Ihre Arbeitsplätze schreibfreundlich:** Schreiben ist noch anstrengender als Lesen, Sie brauchen daher ein noch besser angepasstes Schreibambiente. Wie beim Lesen **(Tipp 65 – Leseambiente)**, achten Sie auch beim Schreiben auf gute Lichtverhältnisse und konzentrationsfördernde Hintergrundgeräusche. Zusätzlich brauchen Sie vor allem gute ergonomische Sitzgelegenheiten. Um nicht körperlich zu ermüden, sollten Sie in einer wirbelsäulenfreundlichen Position sitzen: Ohne gekrümmten Rücken und Knick im Halsbereich, ohne Druckstellen an den Oberschenkeln, Papier oder Bildschirm nicht zu weit entfernt. Besorgen Sie eine weiche Schreibunterlage für Ihr Handgelenk. Wechseln Sie auch Ihre Schreibposition: Sie beleben Ihr Schreibverhalten, wenn Sie sich in Ihrem Sessel weit zurücklehnen, mit einem Schaukelstuhl wippen oder mit dem Laptop am Schoß die Füße hochlagern. So kommt Schwung in Ihr Schreiben!

5. **Eliminieren Sie alles, was Sie beim Schreiben hemmt:** Ob es das Bild an der Wand ist, der Geruch eines Sofas oder das Surren eines Gerätes im Standby: Alles, was Sie wahrnehmen, beeinflusst Ihr Schreibverhalten. Finden Sie heraus, was Sie persönlich stimuliert und was Sie hemmt, und gestalten Sie Ihre Schreibplätze entsprechend um.

6. **Planen Sie Ihren Schreibauftritt:** Skinner vergleicht Schreiben mit einem Konzert vor Publikum. Schließlich schreiben Sie für eine unbekannte Zahl von LeserInnen – da ist etwas Lampenfieber vor Ihrem Schreibauftritt normal. Sie können sich aber wie ein Profi darauf vorbereiten: Treffen Sie dieselben Vorbereitungen für Ihre Schreibsessions wie vor einem großen Konzert: Genug schlafen, damit Sie beim Schreiben fit sind, alle Utensilien herrichten, knapp davor nicht mehr üben oder lesen, sondern relaxen, eventuell Bewegung machen und Energie tanken. Konfrontieren Sie sich vor Ihrem Auftritt nicht mit NörglerInnen und negativen Gedanken, sondern lassen Sie sich von guten Freunden Mut zusprechen. Bevor Sie beginnen, gehen Sie alles im Kopf nochmal durch, wärmen sich kurz auf und dann: volle Konzentration beim Schreiben – Ihrem Auftritt! Natürlich wird danach auch gefeiert und Sie belohnen sich ausgiebig für Ihre Leistung!

Bereiten Sie Ihre Schreibauftritte professionell vor und sorgen Sie für ein adäquates Ambiente, dann werden Sie auch mit Ihrem Schreibverhalten erfolgreich sein.

Schreiben ist Übungssache

Tipp 68

Trainieren Sie Schreiben wie einen Sport

Schreiben ist keine angeborene Gabe, sondern Übungssache. Ja, Sie haben in der Schule schreiben gelernt. Aber nur weil Sie prinzipiell laufen können, würden Sie auch nicht erwarten, bei einem Marathon ein gutes Ergebnis zu erzielen, ohne jemals vorher joggen gewesen zu sein. Genau das wird absurderweise oft bei größeren Schreibprojekten erwartet. Wie beim Joggen, ist auch beim Schreiben aller Anfang schwer. Besonders wenn Sie nie viel geschrieben haben und eine Menge Informationen mit sich herumschleppen, die Sie loswerden wollen. Aber, je öfter Sie schreiben, desto leichter wird es und desto besser werden Sie. Irgendwann macht es Ihnen richtig Spaß und Sie freuen sich schon auf den nächsten Schreibmarathon!

Trainieren Sie also Schreiben wie Laufen (nach Goldberg, 2003) oder eine andere Sportart:

- **Entwickeln Sie Trainingsroutinen:** Schreiben Sie am besten täglich und immer um dieselbe Zeit, auch wenn Sie keine Lust haben und es schwer fällt anzufangen. Steigern Sie Ihre Schreibzeiten allmählich.

- **Schreiben Sie sich warm:** Julia Cameron (2000) empfiehlt, täglich 3 „Morgenseiten" zu schreiben, in die Sie alles fließen lassen, was Ihnen im Kopf herumschwirrt. Alle Gedanken, die Sie sonst vom Thema ablenken würden, sind in Ihren Morgenseiten gut aufgehoben. Nach diesem „geistigen Zähneputzen" sind Sie erfrischt und warmgeschrieben für Ihr fachliches Schreibprojekt.

- **Ritualisieren Sie Ihren Schreibeinstieg,** indem Sie immer gleich beginnen, etwa immer einen Tee kochen und den Bleistift spitzen, bevor Sie starten. So schreiben Sie irgendwann ganz automatisch los, wenn der Stift gespitzt ist, ohne darüber nachzudenken, ob Sie heute in Schreiblaune sind oder nicht.

- **Schreiben Sie regelmäßig, egal worüber:** Nach einer längeren Schreibpause fällt der Einstieg immer schwer. Machen Sie daher keine langen Schreibpausen, wenn Sie an einem Schreibprojekt dran sind. Schreiben Sie zumindest etwas Privates zwischendurch, sonst sind Sie aus der Übung und müssen Ihre Schreibkondition neu aufbauen.

Indem Sie auch privat viel schreiben, bekommen Sie Übung darin, Ihre Gedanken in Worte fließen zu lassen. Schreiben wird alltäglich für Sie und wenn Sie gut im Training sind, schaffen Sie auch größere Schreibstrecken, ohne dass Sie Ihre Kondition im Stich lässt.

Der beste Tipp für ein größeres Schreibprojekt ist also: Machen Sie sich Schreiben zu Gewohnheit!

Ein Drehbuch für Ihren Text

Tipp 69

Wie Sie sich den Schreibeinstieg erleichtern

Es ist soweit: Sie sitzen am Schreibtisch, vor sich eine leere Seite, die es nun zu füllen gilt. Meist ist der erste Satz die große Hürde. Ein Drehbuch für den jeweiligen Text erleichtert Ihnen den Einstieg ins Schreiben. Denn wie beim Film müssen Sie zuerst das Rohmaterial produzieren und einzelne Szenen werden am Filmset auch nicht ohne Skript gedreht. Überlegen Sie also:

- Welche Szenen sollen in diesem Textteil vorkommen?
- Wer sind die handelnden Personen und Objekte?
- Wer soll die Hauptrolle in diesen Szenen spielen?
- Welche Definitionen, Theorien, Zitate und Literatur brauchen Sie als Requisiten?
- Wie wollen Sie die einzelnen Elemente beleuchten?
- Was soll dieser Abschnitt bei den LeserInnen auslösen?
- Wie wollen Sie das mit Ihrer Kameraführung unterstreichen?

Listen Sie alle Szenen auf, die Sie schreiben wollen. Die Arbeitstitel sind nur für Sie gedacht, damit Sie später wissen, was Sie sich dabei gedacht haben. Sie können Ihre Skripts auch pro Szene in einer Mindmap, einem Clustering oder mit einer Stichwortliste festhalten.

Dann schreiben Sie zuerst ein Skript für Ihren Text, das macht viel mehr Spaß und sieht zum Beispiel so aus:

„Drehbuch zum Kapitel über die Rolle von Aspekt A im Prozess XY:

- Auftakt, warum Prozess XY wichtig ist (Bezug zur Fragestellung).
- Rückblick zu historischem Hintergrund in Kapitel 5 (nach Freinzel).
- Bildhafte Darstellung von Prozess XY laut Autor Mayer und Müller, mit ein wenig Huber.

- Definition von Aspekt A nach Huber mit Literatur von Mayer, Dekkert & Mey schärfen.
- Auf Kritik von Milwitsch an Huber und Müller fokussieren.
- Beispiele von Westernmanns Studie als Hintergrund beleuchten.
- Parallelen zu Mayers Studie ins Bild rücken.
- Neuere Studien dazu von Dekkert & Mey einblenden.
- Rolle von Aspekt A in Prozess XY nach Dekkert & Mey in Vergleich zu Milwitsch und Huber in Schwarz-Weiß Darstellung.
- Mit Abbildungen in Großaufnahme Prozess XY illustrieren.
- Replik von Huber und Müller, bringt unterschiedliche Farbtöne ins Bild.
- Finales Resümee: Dekkert & Mey überzeugen am Ende bezüglich Rolle von Aspekt A, aber Prozess XY ist differenziert zu betrachten und Argumente von Milwitsch und Huber bleiben im Bild.
- Ausblenden mit eigener Idee über die zusätzliche Bedeutung von Aspekt B.

Mit so einem Skript fällt Ihnen das Schreiben leicht: Sie können bei jeder beliebigen Szene zu schreiben beginnen. Wie Sie am Ende das Filmmaterial zusammenfügen, entscheiden Sie später beim Schnitt **(Tipp 82)**.

Lesestopp einlegen

Tipp 70

Schreiben Sie, ohne Literatur nachzulesen!

Wenn es ans Schreiben Ihres Erstentwurfes geht, verordnen Sie sich Literaturabstinenz. Besonders wenn Sie glauben, noch mehr lesen zu müssen. Das Gefühl, zu wenig gelesen zu haben, zu wenig Literatur zu kennen, wird oft stärker, je mehr Sie lesen. Durch zusätzliches Wissen stellen sich immer neue Fragen und weitere Details werden für Sie sichtbar, die Sie verfolgen könnten. So wurde schon so manche Lesephase bis in alle Ewigkeit ausgedehnt und die zugehörigen Schreibprojekte sind immer noch nicht fertig.

Geht Ihr Zeitplan in die 2. Halbzeit, ist daher ein Lesestopp sinnvoll. Beginnen Sie einfach jene Teile Ihres Textes zu schreiben, zu denen Sie schon viel gelesen haben. Sie werden überrascht sein, wie viel Sie bereits über Ihr Thema sagen können!

Arbeiten Sie mit Ihren eigenen Exzerpten, aber ohne Originaltexte!

Mit dem aufgeschlagenen Buch neben sich zu schreiben, torpediert oft Ihre Kreativität: Wie sollen Ihre ersten Satzentwürfe mit den fertigen, bereits vielfach überarbeiteten, lektorierten und korrekturgelesenen gedruckten Sätzen konkurrieren? Wie finden Sie eigene Worte für etwas, das ohnehin schon gut formuliert wurde? Ersparen Sie sich diesen ständigen unfairen Vergleich und legen Sie die Bücher und Texte während des Schreibens weit weg. Auch wenn es zunächst ungewohnt ist, Sie werden sehen, wie sehr das Ihr Schreiben erleichtert und wie Sie plötzlich ohne Probleme eigenständige Formulierungen finden.

Wenn Sie schon während des Lesens viel zusammengeschrieben haben, suchen Sie nun alle Notizen, Exzerpte und Mindmaps zum jeweiligen Kapitel zusammen und rufen Sie sich alles, was Sie dazu gelesen haben, in Erinnerung. Verwenden Sie als Schreibeinstieg ein Leseclustering **(Tipp 63)** oder Drehbuch **(Tipp 69)**, indem Sie die wichtigsten Stichworte zu Ihren Textquellen vor Schreibbeginn vermerken. Verzichten Sie aber während des Schreibens darauf, zu lesen – wenn Sie immer wieder in den „Input-Modus" Lesen schalten, bleibt der Output beim Schreiben gering.

Unterbrechen Sie sich also nicht beim Schreiben, um etwas nachzulesen. Schreiben Sie in Ihren Erstentwurf stattdessen ruhig Vermerke wie „genauer nachlesen", „darüber noch recherchieren" oder „Das tolle Zitat vom XY dazu raussuchen". So bleiben Sie im Schreibfluss und Ihre Texte werden viel runder. Später beim inhaltlichen Überarbeiten **(Tipp 79)** können Sie in aller Ruhe die fehlenden Informationen nachlesen und passende Zitate ergänzen.

Ein Lesestopp in der Schreibphase steigert Ihre Kreativität und macht es Ihnen leicht, eigenständig zu formulieren.

Nie ohne „Shitty First Drafts"!

Tipp 71

Erlauben Sie sich, unfertige Rohtexte zu schreiben

Die Existenz von unausgereiften Rohtexten in jedem professionellen Schreibprojekt ist eines der bestgehütetsten Geheimnisse, besonders im deutschen Sprachraum. Anne Lamott (2004) meint, alle erfolgreichen AutorInnen schreiben „Shitty First Drafts". Aus diesen rohen Erstentwürfen entwickeln sie mit etwas Übung und dem richtigen Handwerkszeug gute zweite Versionen und aus ihnen umwerfend tolle fertige Texte.

Erlauben Sie sich also, zuerst einmal unfertige Rohtexte aufs Papier zu bringen. Es geht in diesem Schritt darum, all Ihre Gedanken zu den wesentlichen Inhalten in Textform festzuhalten und noch nicht darum, die perfekte Formulierung dafür zu finden. Andere Kreative können ihre Rohmaterialien wie Farben oder Marmor fertig kaufen, bevor sie daraus ihr Werk erschaffen. Sie müssen zuerst das Rohmaterial produzieren, aus dem Sie dann das fertige Textgebäude aufbauen und herausmeißeln können.

Wie solche Rohtexte ausschauen, ist sehr unterschiedlich, je nach Person, aber auch nach Thema. Manchmal ist ein erster Text schon so gut, dass Sie die meisten Stellen in die Endversion übernehmen, dann wieder sind Ihre „Shitty First Drafts" noch sehr roh und müssen weiterbearbeitet werden, um den Diamant zum Funkeln zu bringen. Ein Rohtext ist dann ein Rohtext, wenn Ihnen klar ist, dass diese Worte so nicht gedruckt werden müssen, sondern der Text vielleicht im fertigen Werk ganz anders lauten kann.

Solche Rohtexte zu schreiben – vielleicht sogar in Umgangssprache und mit Rechtschreibfehlern – kann mitunter schwer fallen. Kein Wunder, wurden Sie doch in der Schulzeit darauf gedrillt, immer gleich fehlerfreie und fertig formulierte Sätze aufs Papier zu bringen. Das macht aber nur für die Wiedergabe von auswendig Gelerntem Sinn, nicht jedoch für fachliche Schreibprojekte, wo Sie selbst kreative Ergebnisse erarbeiten sollen. Mit dem Schreiben von Rohtexten ermöglichen Sie, was Konrad Paul Liessmann „die allmähliche Verfertigung von Gedanken beim Schreiben" nennt: Sie geben Ihrem Text Zeit, sich zu entwickeln. So ausgereifte Texte sind von wesentlich höherer Qualität, als ein Stückwerk aus fertig vorformulierten Sätzen.

Das Schreiben von Rohtexten ist also kein Zeitverlust, sondern ein Qualitätsgewinn, durch den Ihre Texte das Niveau erreichen, das für (vor-)wissenschaftliche Fachtexte gefordert wird.

Tipp 72

Den inneren Zensor beurlauben
Rohtext schreiben ohne kritischen Perfektionismus

Sie kennen vielleicht Ihren inneren Zensor, diese kritische innere Stimme, die immer an Ihnen herumnörgelt? Besonders beim Scheiben von Rohtexten wird Ihr innerer Perfektionist oft besonders laut und schickt Ihnen demotivierende Gedanken wie: „Nicht besonders originell, bist du sicher, dass das stimmt?", „So schaffst du das nie", „Das kling aber blöd" oder „Was ist das bitte schon wieder für ein undeutscher Satz, wie willst du so je dein Schreibprojekt fertig bekommen?". Diese innere Stimme müssen Sie für die Schreibphase unbedingt loswerden, denn sie behindert Sie in Ihrem produktiven Schaffen.

Nach Anne Lamott (2004) ist Perfektionismus eine der größten Ursachen von Schreibproblemen: Er verhindert, dass Sie voller Elan flüssige Rohtexte aufs Papier bringen, indem er ununterbrochen Ihren Schreibfluss und Gedankenstrom unterbricht. So wird ein großer Teil Ihrer Aufmerksamkeit durch formale Aspekte okkupiert und Sie können sich nicht voll darauf konzentrieren, Ihre Gedanken in schlüssige Worte zu fassen. Ein selbstkritischer und analytischer Blick ist später wichtig, aber nicht in dieser Phase, wo Sie kreativ sein sollen. Ihr Rohtext soll ja noch nicht perfekt sein, sondern viele Textvarianten und Formulierungsmöglichkeiten sammeln und erproben, damit Sie später daraus die optimalen Satz-Versionen herauspicken können.

Zu hohe Ansprüche an Ihren Rohtext zu stellen, demotiviert Sie und führt zu Schreibblockaden. Wie beim Sport sinkt Ihre Leistung, wenn der Druck zu hoch wird. Auch das Anfangen fällt dann viel schwerer. Otto Kruse (2002) nennt sein Buch sogar „Keine Angst vor dem leeren Blatt" und empfiehlt darin ebenfalls, Rohtexte mit geringem sprachlichem Anspruch zu schreiben.

Aber wie bringen Sie Ihren inneren Zensor zum Schweigen? Bewährt hat es sich dafür, mit der Hand zu schreiben. Denn dann ist klar: Das KANN ohnehin kein fertiger Text sein und Ihre perfektionistische Instanz ist beruhigt. Denselben Effekt erzielen Sie, wenn Sie Ihre Rohtexte in einer anderen Farbe verfassen oder in einer lustigen Schriftart schreiben. Freewriting-Methoden **(Tipp 73)** sind besonders gut geeignet, um Ihren Zensor auszuschalten. Stärken Sie auch durch positives Denken Ihre innere kreative Schreibstimme, die neugierig und liebevoll fordernd auf Ihren Rohtext blickt, als wäre er ein kleines Kind. Erstaunlich wirksam ist es, Ihren inneren Zensor zu personalisieren: Geben Sie Ihrer kritischen Instanz einen Namen und schicken Sie sie freundlich, aber bestimmt auf Urlaub, bis sie Ihnen in der Überarbeitungsphase wieder nützlich ist.

Später beim Überarbeiten werden Sie froh über den analytischen Blick Ihres inneren Kritikers sein, also gönnen Sie ihm bis dahin etwas Urlaub!

Tipp 73 — Freewriting, die geniale Schreibtechnik
Denken Sie schreibend Ihre Seiten aufs Papier

Freewriting ist eine geniale Methode, um schnell Gedanken zu einem Thema aufs Papier zu bringen, ohne dass Ihr innerer Zensor Gelegenheit hat, Sie zu unterbrechen. Peter Elbow (1998) entwickelte Freewriting als Grundmethode, um Rohtexte akademischer Schriften zu verfassen. Seine These: Je authentischer Sie schreiben, desto leichter fließen Ihre Gedanken. Außerdem ist Ihre Alltagssprache verständlich, bildhaft und lebendig. Peter Elbow meint, wir seien „so ungeübte Schreiber, weil wir so viel Zeit damit verschwenden würden, mitten im Satz anzuhalten und uns über das Geschriebene Gedanken zu machen". Um das zu vermeiden, gibt es 10 einfache Regeln für Ihre Freewriting-Sessions (nach Wolfsberger, 2007) – am besten verstehen Sie, wie Freewriting funktioniert, wenn Sie es gleich selbst ausprobieren:

Die 10 Freewriting Grundregeln

1. Nehmen Sie sich immer eine messbare Schreibeinheit vor: 10, 15 oder maximal 20 Minuten lang zu schreiben, oder zwei A4 Seiten zu füllen. Hören Sie nicht auf, bevor Sie diese Vorgaben erfüllt haben.

2. Beginnen Sie, ausgehend von einem Schreibanstoß oder einer Frage, über Ihr Thema zu schreiben und fangen Sie mit dem ersten an, was Ihnen gerade durch den Kopf geht.

3. Hören Sie nicht auf zu schreiben, bis Sie ihr Ziel erreicht haben. Halten Sie also die schreibenden oder tippenden Hände ununterbrochen in Bewegung.

4. Sie denken schneller als Sie schreiben. Damit all Ihre Gedanken ungehindert aufs Papier fließen können, schreiben Sie so schnell Sie es schaffen.

5. Schreiben Sie in Ihrer „Denksprache", besonders wenn Sie nicht in Ihrer Muttersprache formulieren, Ihr Denken fremdsprachige Wörter enthält oder Sie eben nicht nach der Schrift sprechen. Die Energie, die Sie nicht verwenden, um Ihre Sprache auf Hochglanz zu polieren, fließt direkt in Ihren Text.

6. Unterbrechen Sie sich nicht, um zu lesen, was Sie geschrieben haben, etwas durchzustreichen oder zu löschen. Nichts wird korrigiert, dafür ist nachher genug Zeit.

7. Achten Sie nicht auf Rechtschreibung, Tippfehler, Satzzeichen und Grammatik – das ist jetzt noch ganz egal. Halbe Sätze und Gedankenfragmente sind ausdrücklich erlaubt!

8. Wenn Ihnen etwas nicht gefällt, schreiben Sie es einfach nochmal anders. Wiederholungen sind beim Freewriting kein Problem.

9. Lassen Sie sich von Ihrem Gedankenfluss mitreißen und folgen Sie ihm auch auf Exkurse. Kontrollieren Sie nicht, wohin Sie Ihr Schreiben führt, aber behalten Sie Ihr Thema im Kopf. Wenn in Ihren Gedanken völlige Leere herrscht, hören Sie nicht auf, sondern bleiben Sie dran. Schreiben Sie einfach, was Sie denken: „Mein Kopf ist leer … jetzt hab ich eigentlich alles gesagt, hmm … fehlt noch etwas? Was war nochmal das Thema …", bis Ihnen ein neuer Gedanke zu ihrem Thema kommt.

10. Wenn die Zeit vorbei ist, beenden Sie noch den angefangenen Gedanken und machen Sie dann unbedingt Pause, bevor Sie über den nächsten Punkt schreiben oder alles durchlesen.

Freewriting ist sehr produktiv. Dadurch, dass Sie Ihren Schreibfluss nicht dauernd unterbrechen, bekommen Sie in kurzer Zeit viel aufs Papier. Mit guter Schreibvorbereitung sind Ihre Freewritings auch schon sehr zielorientiert. Mit den so entstandenen Rohtexten können Sie gut weiterarbeiten und sie zu fertigen Texten weiterentwickeln, ohne die erneute Hürde einer leeren Seite vor sich.

Tipp 74

Schritt für Schritt schreiben
Kleine verlockende Schreibportionen anrichten

Nichts wirkt blockierender, als zu große Schreibprojekte in einem Stück schaffen zu wollen. Allein der Gedanke an die ewig lange Schreibstrecke macht Sie müde. Auch große Berge bezwingt man nicht auf einmal, sondern in vielen wohlgeplanten Etappen. Hoffentlich haben Sie im Vorhinein Ihr Schreibprojekt in viele kleine Stücke zerlegt, jedes für sich in übersichtlicher Größe **(Tipp 49 – Seitenzahlgenerator und Kapitel 5 – Strukturen schaffen)**. Am besten arbeiten Sie Ihre Gliederungsclusterings **(Tipp 46)**, Ihre Leseclusterings **(Tipp 63)** oder Ihr Drehbuch **(Tipp 69)** Schritt für Schritt ab.

Immer, wenn Sie ob der Größe Ihres Schreibvorhabens Erschöpfung fühlen, fokussieren Sie sich auf das kleine Stück, welches Sie als nächstes bewältigen wollen: Sie müssen jetzt nicht den Gipfel ersteigen, sondern erst mal nur bis zu nächsten Kurve gehen, ohne zu stolpern. Dort wird dann die nächste Teilstrecke sichtbar. Je riesiger und unbezwingbarer Ihnen das Projekt vorkommt, desto kleiner sollte der Abschnitt sein, den Sie als Nächstes wählen. Vergessen Sie nicht, sich immer eine Pause zu gönnen, wenn eine Teilstrecke geschafft ist. Schreiben ist anstrengend, Sie müssen zwischendurch wieder auftanken!

Auch Anne Lamott (2004) empfiehlt „Short Assignments" als beste Methode, um große Schreibprojekte zu bewältigen: immer nur zu kurzen Aufgabenstellungen schreiben. Wie Sie die einzelnen Stücke später zusammenfügen, entscheiden Sie beim Überarbeiten **(Tipp 82 – Mit gutem Schnitt zu oscarreifen Texten)**. Diese Technik des Montage-Schreibens ist unter erfolgreichen AutorInnen sehr verbreitet und besonders nützlich, wenn Sie im Team schreiben.

Um sich nicht den Appetit aufs Schreiben zu verderben, wählen Sie einfach immer eine Schreibportion, auf die Sie gerade am ehesten Lust haben. Wenn Sie sich fragen, wie Sie das alles schaffen sollen, wählen Sie ein besonders einfaches Stück, das Sie sicher bewältigen. Mit diesem Erfolgserlebnis im Bauch schaffen Sie auch eine bittere Schreibstrecke. Wenn Sie gerade viel Energie haben, können Sie auch weniger angenehme Stücke zuerst hinter sich bringen und sich die Gustostücke für den Nachtisch aufheben.

Damit Sie beim Schreiben sicher ans Ziel kommen, müssen Sie natürlich die Route durch Ihr Schreibprojekt ungefähr im Kopf haben. Gerade bei schwierigen Schreibstrecken gilt aber: Damit keine Unfälle passieren und Sie nicht vom Weg abkommen, konzentrieren Sie sich am besten nur auf den kleinen absehbaren Textteil, der gerade vor Ihnen liegt.

Tipp 75

Gemeinsam schreiben beflügelt!
Motivation und Anregungen aus Schreibgruppen holen

Alleine sehr lange an einem großen Schreibprojekt zu arbeiten, kann eine einsame Sache sein. Das ist Ihrem Schreiben gar nicht förderlich. Die „Vereinzelung" in der Studienabschlussphase wird sogar von SchreibforscherInnen (Aschemann-Pilshofer, 2005) als Mitursache für die lange Dauer von studentischen Abschlussarbeiten gesehen. Der Austausch über das Schreiben und die dabei auftretenden Schwierigkeiten haben einerseits den positiven Effekt einer Selbsthilfegruppe: Sie fühlen sich weniger einsam, können sich mit verständnisvollen KollegInnen austauschen und erfolgreiche Strategien für ähnliche Probleme teilen. So bewältigen Sie Schreibhürden besser. Andererseits bekommen Sie durch kollegiales Feedback schon in der ersten Schreibphase wichtige Anregungen für Ihr Schreiben, die Sie vor Irrwegen bewahren.

Es gibt noch einen zusätzlichen Gewinn, den Sie aus dem Schreiben in einer Gruppe erzielen können, der oft unterschätzt wird: Die Energie einer Gruppe, die auf dasselbe Ziel zusteuert, beflügelt Sie und trägt Sie wie von selbst über so manche Hürde. Wenn mehrere Personen sich ausmachen, geichzeitig und optimalerweise sogar im selben Raum an ihren eigenen Projekten zu arbeiten, geht wesentlich mehr weiter, als alleine zu Hause. Schreiben funktioniert gemeinsam einfach besser.

Organisieren Sie sich spätestens für die Schreibphase eine Gruppe von Personen, die ebenfalls ein großes Schreibprojekt zu bewältigen hat. Damit in dieser Gruppe konstruktiv gearbeitet werden kann, müssen Sie auf Folgendes achten:

- **Ehrlichkeit:** Schreibteams funktionieren nur gut, wenn Sie den anderen nicht vortäuschen, es wäre alles super. Sprechen Sie offen und ehrlich über Ihren Schreibprozess und eventuelle Schwierigkeiten. Auch Feedback sollte wertschätzend, aber ehrlich sein, sonst hilft es niemandem weiter.

- **Klare Ziele definieren:** Legen Sie immer vorab fest, mit welchem Ziel Sie sich treffen und was sich die einzelnen TeilnehmerInnen der Gruppe erwarten. Treffen Sie sich heute, um viele Seiten aufs Papier zu bringen, um einander Feedback auf konkrete Fragen zu geben oder um über Ihre Schreibprobleme zu plaudern und sich gegenseitig zu motivieren? Ist das Ziel klar, ist am Ende niemand enttäuscht oder unzufrieden.

- **Wertschätzend und konstruktiv sein:** Es ist wichtig, immer wertschätzend gegenüber den anderen Personen, deren Themenwahl und Herangehensweisen zu sein. Feedback sollte immer nur dazu dienen, weiterzuhelfen und konkrete Tipps zur Verbesserung beinhalten. Vermeiden Sie es, Wertungen abzugeben. Hilfreicher ist es in diesem Stadium, nur aus subjektiver Perspektive zu beschreiben, wie man einen Text empfindet, wo man selbst Probleme beim Lesen oder Verstehen hat und welche Ideen, Eindrücke und Fragen beim Lesen auftauchen.

Am besten funktioniert eine Schreibgruppe mit einem dreiteiligen Ablauf. Zuerst Plaudern über den Status des Schreibprojektes, Austausch über Probleme und erfolgreiche Strategien. Dann folgt gemeinsames Arbeiten an den Texten: entweder gegenseitiges Textfeedback zu einzelnen Passagen oder Sie nützen die Schreibenergie der Gruppe, um jede und jeder für sich an Ihren eigenen Texten weiterzuarbeiten. Zum Abschluss gibt es wieder eine Austauschphase, in der Sie sich am besten auch Ziele für Ihre weitere Vorgehensweise setzen, den nächsten Schreibgruppen-Termin vereinbaren und sich nötigenfalls Unterstützung organisieren. So eine Schreibgruppe kann Ihren Arbeitsprozess enorm beflügeln!

Tipp 76 — Einen Schreibmarathon laufen
Sprinten Sie Ihren Rohtext unter Jubelrufen aufs Papier

Eine sehr erfolgreiche Strategie, um den Erstentwurf Ihres Schreibprojektes aufs Papier zu bringen, ist es, einen *Schreibmarathon* zu laufen: Eine begrenzte Zeitspanne, in der Sie sich eine marathonmäßige Schreibstrecke vornehmen, zum Beispiel wie Judith Wolfsberger (2007) vorschlägt: 80 Seiten in 8 Wochen, oder wie Chris Baty (www.nanowrimo.org) 50.000 Wörter eines Romans in einem Monat. So ein aberwitziges Unternehmen gelingt, indem es Ihre Last-Minute-Energie durch viele kleine Zwischenziele aktiviert und Sie durch den Rausch eines Marathons und den Jubel des Publikums über die Ziellinie fliegen lässt.

Ein Schreibmarathon besteht aus 2 Phasen:

1. **Vorbereitungs- und Trainingsphase:** Sie trainieren schon regelmäßig zu schreiben, auch wenn es nur Lesenotizen oder private Morgenseiten sind. Außerdem bereiten Sie sich auf den Marathon vor, indem Sie Ihr Projekt in viele kleine Teilstrecken zergliedern und genau überlegen, wie jede dieser Teilstrecken aussehen soll **(Tipp 69 – Ein Drehbuch für Ihren Text)**. Für die Marathonschreibstrecke müssen Sie alles vorbereitet und gelesen haben **(Tipp 63 – Das Leseclustering als Basistool)**, damit Sie sich dann voll und ganz aufs Schreiben konzentrieren können. Legen Sie vor Beginn genau fest, wie viele Seiten Sie aufs Papier „laufen" wollen und in welcher Zeit.

2. **Schreibmarathonphase:** In dieser Phase geht es nur darum, zu schreiben, Lesen und andere Arbeiten sind hier nicht erlaubt, auch Ihre Alltagsverpflichtungen sollten Sie in dieser Phase extrem reduzieren.

    a. Während des Marathons nützt Ihnen ein **Support Team**: Unterstützende Personen, die während Ihres Marathons für die notwendige Verpflegung sorgen, sich um Sie kümmern und alle Ablenkung von Ihnen fernhalten. Zusätzlich brauchen Sie natürlich einen **Fanclub**, der Sie anfeuert, Ihnen zujubelt und Sie mit „Du schaffst es, nicht mehr weit, dann bist du am Ziel!"-Rufen motiviert. Den demotivierenden UnkenruferInnen erzählen Sie am besten gar nichts von Ihrem Marathonvohaben, denn Buh-Rufe bringen niemanden über die Ziellinie.

b. Schreiben Sie mit der **Freewritingmethode (Tipp 73)** und verwenden Sie Ihre vorbereiteten Notizen. Denken Sie nicht daran, was Sie gerade nicht so toll geschrieben haben, sondern schreiben Sie einen Satz nach dem anderen. Auch Sportprofis analysieren Ihre Leistung nach dem Wettkampf und nicht währenddessen, weil das ihre Performance verschlechtert. Sie haben nachher noch genug Zeit, den beim Schreibmarathon entstandenen Rohtext zu überarbeiten.

c. **Teilen Sie sich Ihre Energie gut ein.** Wenn Sie gerade ein Tief haben und Ihnen die Puste ausgeht, schreiben Sie langsamer, tanken Sie Energie und lassen Sie sich von den Anfeuerungsrufen Ihrer Fans antreiben, dann kommen Sie wieder in Schwung. Fokussieren Sie immer nur die nächste Schreibetappe, so bringen Sie Schritt für Schritt den ganzen Marathon erfolgreich hinter sich.

Ein gut organisierter Schreibmarathon hat schon so manche/n AutorIn dazu gebracht, Ihren Rohtext in Rekordzeit aufs Papier zu „sprinten". Probieren Sie es auch und genießen Sie dann das tolle Gefühl nach der Ziellinie, einen Marathon geschafft zu haben.

Tipp 77 — Schreibblockaden sind normal
Wie Sie wieder ins Schreiben kommen

Schreibblockaden, der sogenannte „Writers Block", sind ein gut untersuchtes Phänomen, das fast in jedem größeren Schreibprojekt irgendwann auftritt. Die Schreibforschung hat verursachende Faktoren und typische Zeitpunkte herausgefunden, zu denen vermehrt Schreibblockaden auftreten.

Immer wenn der Druck zu hoch wird, funktioniert Schreiben schlechter, die Schwelle liegt aber bei jedem woanders. Hohe Erwartungen können ebenso motivieren wie paralysieren – manche brauchen den Last-Minute-Druck einer Deadline, andere sind dadurch total blockiert. Überlegen Sie, wie Sie üblicherweise reagieren und versuchen Sie blockierende Situationen bewusst zu vermeiden.

Schon im Vorhinein mit Schreibblockaden rechnen können Sie immer am Übergang zwischen den Phasen eines Schreibprojektes **(Tipp 1)**. Besonders beim Wechsel vom Lesen zum Schreiben und vom Rohtext-Schreiben zum Überarbeiten sowie kurz vor Ende des Schreibprojektes gehören kurze Schreibblockaden dazu. Das liegt nicht an Ihnen. Schwierigkeiten zu diesen Zeitpunkten sind normal und wenn Sie sich davon nicht frustrieren lassen, geht es nach einer kurzen Erholungsphase energiegeladen weiter. Mit welchen Strategien Sie wieder ins Schreiben kommen, finden Sie hier kurz aufgelistet.

Was tun, wenn Sie eine Schreibblockade haben?

- Sich immer kleinere Schreibportionen vornehmen.

- Ein Drehbuch oder Clustering als Schreibeinstieg verfassen.

- Klare Fragen zu den Textteilen formulieren und sie dann beantworten.

- Für jeden Absatz Satzanfänge als Schreibeinstieg formulieren.

- Ein Freewriting schreiben, ohne auf den inneren Zensor zu hören. Wenn es gar nicht funktionieren will, schreiben Sie darüber, warum Sie gerade nicht schreiben können.

- Mit den einfachsten Teilen beginnen.

- Nie am Ende eines Kapitels zu schreiben aufhören, sondern immer ein paar Gedanken oder den ersten Satz vom nächsten Teil beginnen, dann fällt das „Wiedereinsteigen" leichter.
- Nicht beim Schreiben lesen oder gleichzeitig überarbeiten.
- Mit der Hand schreiben und sich besonders unfertige und schlechte Rohtexte erlauben.
- Ein Pseudonym verwenden und als jemand anderer schreiben.
- Ihren Text an jemand anderen richten. Beginnen Sie mit: „Lieber XY, in meinem Kapitel 3 will ich darüber schreiben, wie…" und schreiben Sie Ihren Text wie einen Brief oder erzählen Sie ihn wie einen Vortrag.
- Woanders schreiben: Schreiborte und Schreibzeiten wechseln und bessere Schreibmaterialien verwenden.
- Schreibzeiten drastisch verkürzen, nicht mehr als eine halbe Stunde am Stück schreiben!
- Den Text einem Tonband erzählen und jemand anderen abtippen lassen.
- Bewegung machen, Musik hören und irgendetwas anderes Aktives tun.
- Etwas Privates schreiben, dann fällt auch das fachliche Schreiben leichter.
- Bei Schreibtreffs gemeinsam mit jemand anderem arbeiten und die Gruppenenergie nutzen.
- Sich mit anderen über Ihr Schreiben und Ihre Schreibblockaden austauschen und Anregungen, frischen Mut und Motivation holen.
- Eine längere Schreibpause einlegen und es einfach später nochmal probieren!

8. TEXTE FOKUSSIERT ÜBERARBEITEN UND ZU EINEM ÜBERZEUGENDEN ENDPRODUKT VERFEINERN

Die eigentliche Kunst des Schreibens besteht im Überarbeiten. Aus einem guten Erstentwurf einen gelungenen fertigen Text herauszuarbeiten, ist das Meisterstück professionellen Schreibhandwerks. Die dokumentierten Erstentwürfe, Zwischenstadien und LektorInnenbriefe vieler berühmter Werke zeigen, welche Überarbeitungsschritte zu einem grandiosen Endprodukt führen. Denn Überarbeiten bedeutet nicht nur ein schnelles „Durchsehen", um Rechtschreibfehler auszubessern, sondern eine echte Revision, bei der oft kein Stein auf dem anderen bleibt.

Wie Sie aus Ihrem Rohtextmaterial sukzessive einen fertigen Text erschaffen, ist keine Hexerei, sondern solides Schreibhandwerk. Mit vielen einfachen Tricks und hilfreichen Lektoratstipps verfeinern Sie Ihren Text Aspekt um Aspekt, arbeiten Ihren roten Faden für die LeserInnen heraus und polieren Ihr Werk auch sprachlich auf Hochglanz. Im folgenden Kapitel finden Sie das Handwerkszeug, um ein überzeugendes Textprodukt zu erarbeiten, nach Überarbeitungsschritten gegliedert.

Tipp 78 — In drei Schritten zum fertigen Text
Überarbeiten Sie vom Groben ins Detail

Sie ersparen sich doppelte Mühe, indem Sie Ihre Texte Schritt für Schritt überarbeiten. Wie ein Satz optimal formuliert ist, hängt davon ab, wo im Text er steht und welche Aufgabe er dort erfüllen soll. An sprachlichen Details zu feilen, macht also erst Sinn, wenn Ihr Text vollständig ist und danach die Reihenfolge der Textpassagen fixiert wurde. Welcher Textteil wo am besten platziert ist, können Sie erst entscheiden, wenn Sie alle Teile zusammenhaben. Gehen Sie also beim Überarbeiten Ihres Textes am besten in drei Stufen vor:

1. **Inhaltlich vervollständigen:** Wie beim Kochen, müssen Sie zuerst alle Zutaten für das Gericht besorgen: Ist alles im Text drinnen, was hinein gehört? Was könnten Sie ergänzen? Was sollten Sie streichen, weil es nicht dazu passt? In der ersten Überarbeitungsstufe stellen Sie sicher, dass in Ihrem Text inhaltlich nichts fehlt, aber auch nicht zu viel darin enthalten ist **(Tipp 79)**.

2. **Strukturell glätten:** Wenn Sie alles für einen ausgewogenen Text zusammen haben, legen Sie die Reihenfolge der Menügänge fest. Bringen Sie die Inhalte in eine sinnvolle Struktur und ordnen Sie die einzelnen Textbausteine entlang Ihres roten Fadens. Was brauchen Ihre LeserInnen, um Ihrer Struktur folgen zu können? Fügen Sie Elemente hinzu, die den LeserInnen das Lesen erleichtern **(Tipp 80)** und revidieren Sie Ihre Gliederung der Text-Mikrostruktur **(Tipp 52)** so lange, bis alles am optimalen Ort sitzt und Ihr Text sich mitreißend flüssig liest.

3. **Sprachlich aufpolieren:** Jetzt, wo alles an seinem Platz ist, können Sie sich dem sprachlichen Feinschliff widmen. Sie entrümpeln Schachtelsätze, verfeinern Ihre Wortwahl, würzen Ihre Aussagen mit gewählten Formulierungen und kochen den Text auf das Wesentliche ein. Schmecken Sie Ihren Text sprachlich ab, bis er sein volles Aroma entfaltet.

Halten Sie diese Überarbeitungsreihenfolge ein und versuchen Sie nicht, alles in einem Durchgang zu erledigen. Sonst teilen Sie nämlich Ihre Konzentration auf zu viele unterschiedliche Aspekte auf. Für jedes Detail bleibt

dann wenig Aufmerksamkeit über und Sie übersehen so manche Verbesserungsmöglichkeit!

Langsam und fokussiert vorzugehen, bringt Sie beim Überarbeiten schneller ans Ziel.

Tipp 79 — Inhaltliche Vervollständigung aus Distanz
Von der AutorIn zur LeserIn werden

Bevor Sie mit dem ersten Überarbeitungsschritt beginnen, müssen Sie Ihre Perspektive verändern. Schon einmal mussten Sie die Rolle wechseln: Am Beginn des Schreibens wechselten Sie Ihre Rolle von der eines Lesenden zur SchriftstellerInnenposition. Nun müssen Sie wieder in die Rolle der KonsumentIn wechseln: Lesen Sie Ihre Texte beim Überarbeiten nicht als AutorIn, sondern als LeserIn. Um diesen Perspektivwechsel zu vereinfachen, lassen Sie Ihre Texte etwas liegen, bevor Sie sie überarbeiten, damit Sie Distanz dazu gewinnen.

Gerade zum inhaltlichen Überarbeiten drucken Sie den Text am besten so aus, dass Sie Notizen dazu vermerken können. Lesen Sie den Text in Ruhe durch und markieren Sie zweierlei im Text, am besten mit unterschiedlichen Farben:

1. Zuerst streichen Sie besonders gute Passagen an, also Formulierungen, die etwas gut auf den Punkt bringen, anschauliche Beschreibungen, pointierte Aussagen, klar verständlich geschriebene Absätze mit klar ersichtlichen Kernaussagen.

2. Erst im zweiten Schritt kennzeichnen Sie Stellen, an denen etwas unklar, zu wenig genau formuliert oder gar überflüssig ist. Markieren Sie zusätzlich, wo etwas fehlt oder den Text bereichern könnte, wie eine Abbildung oder ein Zitat.

Nun wissen Sie, welche Stellen so gut sind, dass Sie sie vorerst unverändert lassen können. Fokussieren Sie nun den Rest des Textes und überarbeiten Sie ihn anhand folgender Fragen:

- Ist die Kernaussage des Textes klar und verständlich? Was können Sie ergänzen, um Ihre Botschaft herauszustreichen?

- Haben Sie alle Begriffe, die Sie hier verwenden, definiert?

- Fehlt etwas Wichtiges? Was sollten Sie unbedingt noch ergänzen? Welche interessanten Details könnten Sie noch hinzufügen?

- Wo könnten Sie etwas noch besser veranschaulichen, indem Sie eine Illustration, Abbildung, Tabelle, Fallbeispiele, bildhafte Beschreibungen oder Ähnliches hinzufügen?
- Wie könnten Sie inhaltlich unklare Stellen klarer formulieren? Was müssen Sie zum besseren Verständnis zusätzlich erklären?
- Welche Inhalte können Sie straffen, kürzen oder ganz weglassen?
- Was ist redundant, sodass Sie die Wiederholung streichen können?

Ergänzen und streichen Sie so lange, bis Sie das Gefühl haben: Jetzt ist der Inhalt dieser Passage genau richtig!

Tipp 80

Beschreiben, Definieren, Belegen

Machen Sie klar, worüber Sie reden

Als AutorIn wissen Sie meist, worüber Sie schreiben und was Sie mit den verwendeten Begriffen meinen. Texte setzen daher oft Informationen bei den LeserInnen voraus, ohne sie irgendwo im Text vermittelt zu haben. Überprüfen Sie, ob alle für das Verständnis einzelner Textabschnitte notwendigen Beschreibungen und Definitionen enthalten sind und ergänzen Sie für die LeserInnen hilfreiche Detailinformationen. Gerade längere Fachtexte oder wissenschaftliche Arbeiten sind nicht dafür gedacht, linear von vorne bis hinten gelesen zu werden. Wiederholen Sie darum in jeder Textpassage Kurzdefinitionen oder verweisen Sie auf die Textstellen, wo die LeserInnen nachschlagen können. Für weiterführende oder vertiefende Informationen eignen sich auch Fußnoten gut.

Drei Dinge, die aus der Perspektive der LeserInnen in Texten oft fehlen, sind:

Beschreibungen: Eine genaue Beschreibung von allen Dingen, über die Sie sprechen: Objekte, Meinungen, Personen, Zusammenhänge, Prozesse und Abläufe, Methoden und vieles mehr. Fragen Sie sich (und am besten auch ein paar ProbeleserInnen): Können sich meine LeserInnen etwas darunter vorstellen? Wenn nicht, ergänzen Sie Informationen, bildhafte Beschreibungen, illustrierende Abbildungen, schematische Skizzen, Diagramme oder Tabellen.

Definitionen: Was meinen Sie genau mit einem Begriff oder einer Abkürzung? Indem Sie Ihre verwendeten Begriffe exakt definieren, machen Sie Ihren Text wissenschaftlich und vermeiden Unklarheiten. Erklären Sie, warum Sie einen Begriff so und nicht anders definieren oder geben Sie an, auf wessen Definition Sie sich berufen.

Belege: Wenn Sie eine (vor-)wissenschaftliche Arbeit schreiben, sollten Sie Ihre Aussagen, Beschreibungen und Definitionen auch mit Quellenangaben belegen oder zumindest in den fachlichen Diskurs einbetten. Beschreiben Sie nicht nur, wie etwas aufgebaut ist, sondern geben Sie auch an, woher Sie diese Beschreibung haben – auch wenn Sie sie selbst verfasst haben („Im rechten oberen Eck der Abbildung einer Zellprobe 4 der Versuchsreihe X sehen Sie die von Mayer (1999) beschriebenen typischen Veränderungen.").

Auch bei Definitionen geben Sie die Grundlagen Ihrer Definitionen an („Die Definition von XY ist an jene von Huber (2003) angelehnt, mit Ausnahme des Aspektes A, da der in Kapitel 2 dargelegte Einwand von Mey (2010) überzeugend erscheint. Wir verstehen also im Folgenden unter XY, ….").

Durch achtsames Beschreiben, Definieren und Belegen werden Ihre Texte präziser und entsprechen wissenschaftlichen Anforderungen. Sie schaffen Klarheit für Ihre LeserInnen, die Ihnen so besser folgen können.

Tipp 81

Konstruktives Textfeedback einholen

Suchen Sie gezielt neue Perspektiven

Alle AutorInnen sind zu einem gewissen Grad blind für ihre eigenen Texte. Darum unterstützen in professionellen Verlagen LektorInnen mit objektivem Blick beim Überarbeiten eines Buchentwurfes. Feedback ist essentiell für die Verbesserung Ihres Textes, am besten von LeserInnen mit unterschiedlichen Perspektiven.

Steuern Sie Ihre Feedback-GeberInnen gezielt!

Nutzen Sie Feedback von jemandem, der nicht so vom Text geblendet ist wie Sie, um zu erfahren, was daran verbessert werden kann. Wählen Sie bewusst aus, von wem Sie sich Feedback worauf holen. Vermeiden Sie überkritische MiesmacherInnen und bitten Sie wohlwollende, aber scharfsichtige UnterstützerInnen um ein konstruktives Feedback. Sie selbst können beeinflussen, welche Art von Feedback Sie bekommen, indem Sie um Antworten auf spezielle Fragen bitten!

Gerade bei betreuten Abschlussarbeiten ist es wichtig, dass Sie jeweils spezifisches Feedback zum aktuellen Überarbeitungsschritt einholen. Auch eine berechtigte Kritik kann zum falschen Zeitpunkt frustrierend wirken und ist wenig hilfreich. Machen Sie immer klar, in welchem Überarbeitungsstadium der Text gerade ist, worauf Sie jetzt den Fokus legen wollen und worauf nicht. Stellen Sie konkrete Fragen, dann bekommen Sie auch konkrete Tipps und Anregungen. Achten Sie darauf, dass folgende Kriterien für konstruktives Feedback erfüllt werden.

Konstruktives Feedback ist IMMER:

- **Sachlich:** Nur der Text und die gestellten Feedbackfragen sind relevant. Es geht um die Sache, also sprechen Sie über Inhalte, Verständlichkeit, Sprache, Wortwahl oder Aufbau des Textes, nicht über Ihre Person als AutorIn oder unterschiedliche Ansichten zum Thema.

- **Fragegeleitet:** Feedback geht auf konkrete Fragen ein und versucht diese konstruktiv zu beantworten. Zusätzliches Feedback sollte nur nach expliziter Nachfrage gegeben werden, wenn es zum jeweiligen Zeitpunkt gewünscht wird.

- **Freundlich:** Feedback soll in höflicher und freundlicher Sprache gegeben werden. Eigene Texte preiszugeben, macht sensibel und verletzlich. Darum werden bei konstruktivem Feedback vor allem die positiven Aspekte des Textes angesprochen und Kritik wird immer als konkrete Anregung zur Verbesserung formuliert.

- **Respektvoll:** Gutes Feedback ist immer wertschätzend gegenüber Text, AutorIn, Themenwahl oder Argumentation. Der Text bleibt Eigentum der AutorIn, sie bestimmt, inwieweit sie die Feedbackanregungen nutzen will.

- **Ehrlich:** Schmeichelei hilft wenig, einen Text zu verbessern, aber ehrliches Lob motiviert. Feedback bedeutet, den subjektiven Gefühlen beim Lesen eines Textes Ausdruck zu geben, ohne diese zu verallgemeinern. Darum wird Feedback am besten in „Ich-Botschaften" ausgedrückt.

- **Konkret:** Pauschale Wertungen helfen nicht beim Überarbeiten. Feedback soll genau aufzeigen, um welche Details es geht, am Besten mit konkreten Beispielen. Gezielte Verbesserungsvorschläge und unterschiedliche Anregungen, ein Problem zu lösen, helfen, den Text weiterzuentwickeln.

- **Neugierig:** Gerade in der ersten Überarbeitungsphase dürfen Feedbackgebende auch interessiert nachfragen, Eindrücke und Assoziationen zum Text anbieten, um aus LeserInnenperspektive Lücken und zu dichte Stellen im Text aufzuzeigen.

Feedback annehmen können

Nehmen Sie Feedback an wie ein Geschenk und sehen Sie nicht jede Anregung als Kritik an sich selbst. Betrachten Sie die Rückmeldungen mit emotionaler Distanz und entscheiden dann, welche Sie aufnehmen wollen und welche nicht – schließlich sind Sie AutorIn. Andererseits können Sie sich nur weiterentwickeln, wenn Sie Lücken, Fehler und Alternativen erkennen. Feedback hilft Ihnen, herauszufinden, wie Sie Ihren Text noch verbessern können. Aber Sie müssen diese Chancen nutzen, statt sich aus verletzter Eitelkeit gegen jede Änderung zu wehren!

Verfeinern Sie Ihre Überarbeitungsfähigkeiten, indem Sie Feedbackgruppen bilden, wo Sie auf viele Texte Rückmeldungen bekommen und geben. Denn anderen detailliertes und hilfreiches Textfeedback zu geben, schult Ihre Überarbeitungskompetenz auf allen Ebenen!

Tipp 82

Mit gutem Schnitt zu oscarreifen Texten

Texte gekonnt neu arrangieren

Ein guter Text ist wie ein Film: Erst durch gekonnten Schnitt und vielfältige Nachbearbeitungen wie Hinzufügen von Spezialeffekten, Geräuschen und Filmmusik wird aus dem gedrehten Rohmaterial ein wirklich guter Film. Schreiben funktioniert genauso: Aus Ihren Rohtexten wählen Sie die besten Stellen aus, streichen Überflüssiges weg, fügen hier und da Akzente hinzu und bringen alles in eine stimmige Reihenfolge.

In dieser Phase des strukturellen Überarbeitens brauchen Sie Ihre (beim Schreiben des Rohtexts verbannte) innere kritische Instanz: Betrachten Sie jeden Textteil analytisch und schieben Sie ihn wie ein Mosaiksteinchen an einen Ort, an dem er das Erscheinungsbild des Textes perfekt ergänzt. Manchmal müssen Sie sich auch von schönen Textstellen verabschieden, die leider nicht ins Gesamtbild passen. Mit strengem Blick wählen Sie die besten Textstellen aus und arrangieren sie neu. Dann startet die Nachbearbeitung, die Ihr Rohmaterial zum fertigen Film werden lässt.

Schritt 1: Zerschneiden und neu zusammensetzen:

1. Markieren Sie Textstellen je nach Inhalt mit unterschiedlichen Farben und schieben Sie sie zusammen. So können Sie leichter die besten Formulierungen auswählen und Wiederholungen vermeiden.

2. Überlegen Sie, welche Gliederungsform sich für diese Textpassage am besten eignet **(Tipp 52 – Gliederungsarten auf der Mikroebene)** und ordnen Sie die Inhaltsblöcke entsprechend.

Schritt 2: Optisch strukturieren

3. Fügen Sie passende Überschriften und Untertitel ein, um Ihren Text auch optisch zu strukturieren.

4. Strukturieren Sie weiter, indem Sie nach jedem Gedankengang einen Absatz machen.

5. Heben Sie, wenn es die Formvorgaben zulassen, Textpassagen durch fettgedruckte oder kursive Zeichensetzung hervor oder rücken Sie Stellen ein (wie beispielsweise längere Zitate).

6. Statt langer Aufzählungsketten schaffen Sie Übersicht mit Nummerierungen oder Aufzählungszeichen.

7. Strukturieren Sie Ihre Darstellung von Zahlen, Daten, Prozessen und Zusammenhängen zusätzlich in Tabellen, mittels Diagrammen oder schematischen Abbildungen.

Schritt 3: Struktur nachbearbeiten und glätten

8. Schreiben Sie für jeden größeren Textteil kurze Einleitungen, die an das vorher Geschriebene anknüpfen.

9. Verfassen Sie im Text Überleitungen zwischen den einzelnen Inhaltsblöcken und lockern Sie mit Fragen auf, die Sie im nächstfolgenden Teil beantworten.

10. Beenden Sie jedes Kapitel mit einer kurzen Zusammenfassung und einem „Cliff-Hanger", um auf den nächsten Teil neugierig zu machen.

11. Vernetzen Sie die Struktur eines größeren Schreibprojektes, indem Sie doppelte Erklärungen kürzen, durch Hinweise auf andere Kapitel ersetzen oder in Fußnoten auf zugehörige Textstellen verweisen.

12. Verschieben Sie weiterführende Informationen, die den Textfluss stören, in den Fußnotenbereich.

13. Verwenden Sie möglichst einheitliche Strukturierungsmuster und verdichten Sie Ihre Struktur abschließend auch auf Satzebene **(Tipp 85 – Sprachlicher Feinschliff)**.

Wie beim Film sind Schnitt und Nachbearbeitung auch beim Schreiben ein ganz wesentlicher Schritt zu Ihrem publikationsreifen Text. Schaffen Sie schlüssige Strukturen, bis Ihre Textpassagen so rund ineinanderfließen, dass Sie Ihre LeserInnen mitreißen.

Tipp 83 — Verständlich schreiben
Führen Sie Ihre LeserInnen durch den Text

Schreiben ist immer Kommunikation mit den LeserInnen. Bleibt diese Kommunikation einseitig, weil Ihre LeserInnen Sie nicht verstehen, kommt Ihr Text nicht gut an. Schreiben Sie daher fachliche Texte nicht für sich, sondern für Ihre LeserInnen. Achten Sie darauf, Ihren LeserInnen einen roten Faden zu bieten, entlang dem sie Ihnen folgen und sich im Text orientieren können **(Tipp 88 – Den roten Faden spannen)**. Versetzen Sie sich in die Rolle Ihrer LeserInnen und überlegen Sie, welches Vorwissen diese schon haben und welche Informationen Sie noch brauchen, um sich im Text zu orientieren.

Um Texte verständlich zu machen, empfiehlt Märtin (2003), auf die 4 Eckpunkte des *Hamburger Verständlichkeitsmodells* zu achten:

Einfachheit: Verwenden Sie keine unnötig komplizierten Satzstrukturen, Formulierungen und Wörter – das lenkt Ihre LeserInnen von Ihrer eigentlichen Aussage ab. Schon Einstein meinte angeblich, wer etwas nicht einfach sagen könne, hätte es nicht verstanden. Verschleiern Sie Ihre eigentliche Aussage nicht durch komplexe Sprachkonstruktionen, sondern bringen Sie Ihre Inhalte auf den Punkt und geben Sie eine Information nach der anderen.

Struktur: Je übersichtlicher Ihre Texte strukturiert sind, desto einfacher können Ihre LeserInnen Ihnen folgen. Sagen Sie Ihren LeserInnen, warum Sie etwas behandeln und kündigen Sie Ihnen an, was kommt. Einleitungen, Überleitungen und Zusammenfassungen geben Orientierung und festigen die gelesenen Informationen. So können Ihre LeserInnen später im Text darauf zurückgreifen. Strukturieren Sie Ihre Darlegungen hierarchisch oder listen Sie alle Punkte auf, bevor Sie sie in derselben Reihenfolge behandeln. Vermeiden Sie unmotivierte Gedankensprünge ohne Ankündigung, damit Ihre LeserInnen nicht den Anschluss verlieren.

Prägnanz: Fachliche Texte werden nicht so prägnant formuliert wie Werbung, trotzdem erhöht eine bildhafte Sprache auch deren Verständlichkeit. Verwenden Sie anschauliche Beispiele, ausdrucksstarke Wörter und bildhafte Beschreibungen, verzichten Sie auf sprachlichen Ballast **(Tipp 85 – Sprachlicher Feinschliff)**. Treffen Sie eindeutige und positive Aussagen und grenzen Sie im Text klar und ehrlich ab, was nicht damit gemeint ist. Wiederholen Sie sich nicht, sondern finden Sie Synonyme und attraktive Metaphern. Auch aktive Satzkonstruktionen wirken prägnanter, verstecken Sie also Ihre Kernaussagen nicht in Passivsätzen.

Leseanreize: Gerade bei Fachtexten werden Leseanreize oft unterschätzt, dabei sind sie hier besonders wichtig, um Ihre LeserInnen zu überzeugen: Fügen Sie passende Vergleiche, Zitate und Fallbeispiele ein und illustrieren Sie Ihre Ausführungen mit Abbildungen, Tabellen oder Graphiken. Binden Sie Ergebnisse in einen Kontext ein, der Ihren LeserInnen bekannt ist und lockern Sie den Text mit Fragen auf, die Ihre LeserInnen neugierig machen. Ehrliche und selbstkritische Analysen stärken das Vertrauen Ihrer LeserInnen in Ihre Ausführungen.

Nachdem Sie die 4 Standbeine der Verständlichkeit gestärkt haben, werden Ihre LeserInnen sich in Ihren Texten gut zurechtfinden.

Tipp 84

Ohne Plagiat korrekt zitieren
Beziehen Sie Stellung mit passenden Referenzverben

Eine Besonderheit bei (vor-)wissenschaftlichen Schreibprojekten ist der genaue Umgang mit Literatur. Da wissenschaftliche Erkenntnis nicht als absolute Wahrheit betrachtet wird, muss jede Aussage und Meinung mit einer Person verknüpft werden. Machen Sie also im Text mit „Verben des Referenzierens" (Kruse, 2010) deutlich, was von wem stammt **(Tipp 64 – Die Gerüchteküche als Zitiermodell)**. Beim Überarbeiten können Sie gekonnt die jeweils besten Formulierungen auswählen, um auch Ihre eigene Position zur Literatur einfließen zu lassen.

Am besten erstellen Sie Listen mit verschiedenen Möglichkeiten zu paraphrasieren, die Ihnen gut gefallen. Kruse (2010) beschreibt, wie Sie mit der Wahl gezielter Ausdrücke Ihre eigene Position zur Literatur darstellen können (ganz ohne das in der Wissenschaft verpönte Wörtchen „ich"):

Sie können etwas einfach objektiv darstellen oder wiedergeben:

- „Laut Meier ..."
- „Meier zu Folge ..."
- „Huber beschreibt 3 Aspekte: ..."
- „Maier gliedert seine These in zwei Teile, zum einen ..."
- „Folgt man Meier, so liegt die Ursache hierfür ..."
- „Huber expliziert seine Idee von ..."
- „Wie Meier in seiner Studie (2003) demonstriert hat, ..."
- „Huber meint, es sei ..."

Sie können mehrere Meinungen zusammenführen, etwas hervorheben und auf anderes verweisen:

- „Der Autor vertritt hier die gleiche Meinung wie Müller ..."
- „Meier zitiert hier Huber, welche ausführt, ..."
- „Mayer ergänzt Müllers Ausführungen mit ..."

- „Meier schließt sich Huber an, indem …"
- „Meier schließt sich Huber in folgenden Punkten an, …"
- „Mayer stellt Aspekt A in den Mittelpunkt seiner Ausführungen."
- „Wie Meier in seiner Studie demonstriert hat, …"
- „Huber hebt hervor, dass …"

Mit den richtigen Formulierungen drücken Sie Zustimmung aus und unterstreichen zitierte Aussagen:

- „Meier argumentiert überzeugend, dass …"
- „Besonders interessant ist Müllers Anmerkung, dass …"
- „Maier stellt übersichtlich dar, wie …"
- „Huber zeigt im Detail, warum …"
- „Mayers 3 Thesen erklären den Sachverhalt schlüssig: …"

Ebenso können Sie Widersprüche aufzeigen, Fehler entlarven und Aussagen nur mit der gewählten Zitationsform kritisieren:

- „Meier ignoriert bei seinen Ausführungen …"
- „Huber irrt hier, denn Maiers neueste Ausführungen belegen …"
- „Maier geht nur am Rande darauf ein …
- „Wenig überzeugend scheint hier Müllers These, dass …"
- „Huber misst Aspekt B keinerlei Bedeutung bei, obwohl …"
- „Mayers 3 Thesen erklären den Sachverhalt nur unzureichend, denn …"

Durch gekonnte Wahl Ihrer Paraphrase können Sie beim Überarbeiten genau zum Ausdruck bringen, wie Sie zu der zitierten Aussage stehen. So ist auch die Gefahr gering, in eine Plagiatsfalle zu tappen: Setzen Sie Originalzitate immer unter Anführungszeichen und vermeiden Sie unkommentiertes *copy&paste* aus dem Internet, gewichten Sie jede dargestellte Aussage durch die passenden Referenzverben.

Welche Zitierweise?

Die formale Gestaltung Ihrer Zitationen ist eigentlich nur eine Frage der Vorgabe. Zitierkonventionen unterscheiden sich von Fach zu Fach, bestimmte Vorlieben sogar von ProfessorIn zu ProfessorIn. In den Geisteswissenschaften, in denen mehrheitlich Monografien verfasst werden, machen Fußnotenzitationsweisen durchaus Sinn, in den Naturwissenschaften mit vielen kurzen Papers verwendet man gelegentlich nur eine Nummer pro zitiertem Paper im Text. Zitationsregeln sind also nicht fix, Sie ändern sich, divergieren zwischen verschiedenen Zeitschriften und Verlagshäusern. Mit einem Literaturverwaltungsprogramm **(Tipp 35)** können Sie heute ganz am Ende Ihres Schreibprojektes mit einem Mausklick von einem Zitierformat ins andere wechseln und unterschiedliche Verzeichnisse Ihrer Referenzen erstellen **(Tipp 94)**.

Sprachlicher Feinschliff

Tipp 85

Polieren Sie Ihre Formulierungen auf Hochglanz

Wenn Inhalte und Struktur passen, feilen Sie zum Abschuss der Überarbeitungsphase an sprachlichen Feinheiten: Sie kürzen Schachtelsätze, verfeinern einzelne Formulierungen, suchen die schönsten Ausdrücke und prüfen Ihre Wortwahl auf die gewünschten Wirkung. Um Ihren Text auch sprachlich zum Glänzen zu bringen, brauchen Sie weniger Talent, als Handwerkszeug. Doris Märtin (2003) und Martha Boeglin (2007) listen eine Menge einfacher Überarbeitungsdurchgänge auf, die in Summe aus Ihrem Text ein stilistisch ausgezeichnetes Endprodukt machen.

Überarbeiten Sie zunächst auf Satzebene:

- Kürzen Sie lange Gliedsätze, indem Sie Punkte, Strichpunkte, Klammern oder Doppelpunkte einfügen.

- Gönnen Sie möglichst jeder Information einen eigenen Satz.

- Entschachteln Sie lange Sätze, indem Sie die Verben an den Anfang, zum Subjekt rücken.

- Bringen Sie Artikel nahe zum Substantiv, ohne Satzteile dazwischen zu schieben.

- Positionieren Sie den Hauptsatz vor den Nebensatz. Stellen Sie Nebensätze generell an den Rand des Satzes und nicht mitten hinein.

- Geben Sie die wichtigen Hauptinformationen in den Hauptsatz, Nebensächliches in den Nebensatz.

- Wandeln Sie „…, dass"-Sätze in eigenständige Einzelsätze um, die beispielsweise mit „Darum" beginnen.

- Formulieren Sie aktive Sätze statt passiver Satzstrukturen.

- Treffen Sie positive Aussagen und ersetzen Sie Verneinungen.

- Wechseln Sie kurze mit mittellangen Sätzen ab.

Fokussieren Sie im Anschluss die Wortebene:

- Drücken Sie Verhauptwortungen „-ung, -heit, -keit, -ismus" -Formulierungen öfter mit Verben aus.

- Verwenden Sie Synonyme statt Wiederholungen, außer Sie setzen Wiederholung bewusst als Stilmittel ein.

- Verwenden Sie ausdrucksstarke und bildhafte Verben und nur selten Hilfszeitworte.

- Ersetzen Sie komplizierte Begriffe und unschöne Formulierungen durch verständlichere und kürzere Wörter aus der Alltagssprache.

- Verändern Sie die Wortstellung, sodass wichtige Begriffe am Anfang des Satzes stehen – oder ganz zum Schluss!

- Verwenden Sie für Überschriften besonders prägnante Formulierungen.

- Überlegen Sie, welche Wörter Sie streichen können **(Tipp 87 – Mit „Wörter-Jenga" Texte verdichten)**.

Gehen Sie Ihren eigenen Text am besten Punkt für Punkt durch, um jedem dieser Aspekte die gleiche Aufmerksamkeit zu widmen. Wenn Sie bereits im Überarbeiten geübt sind, verfeinern Sie zuerst auf Satzebene, bevor Sie an einzelnen Worten feilen. Wenn Sie all diesen Punkten Beachtung geschenkt haben, wird an Ihrem Text stilistisch kaum noch etwas zu verbessern sein!

Besonderheiten von Wissenschaftssoziolekten

Tipp 86

Wie Sie Ihre Texte „verwissenschaftlichen"

Wissenschaftssprachen sind eigenständige Soziolekte, die sich von Fach zu Fach und von Institut zu Institut unterscheiden. Trotzdem haben sie einige Besonderheiten gemeinsam, die Sie nützen können, um Ihre Texte wissenschaftlicher klingen zu lassen:

- Gehen Sie ins Detail! Allgemeinplätze („Viele Autoren meinen ..."), Phrasen („Es scheint als ob ...") und pauschale Formulierungen („Die meisten Daten deuten darauf hin ...") sind in der Wissenschaftssprache nicht üblich. Reden Sie Klartext, beschreiben und definieren Sie detailliert **(Tipp 80 – Beschreiben, Definieren, Belegen)**.

- Belegen Sie alle Aussagen, die Sie treffen **(Tipp 64 und 84)**, Behauptungen ohne Referenz werden nicht akzeptiert.

- Achten Sie auf die genaue Bedeutung von Wörtern und verwenden Sie sie konsequent den ganzen Text hindurch gleich.

- Definieren Sie Fachausdrücke und Abkürzungen, wenn Sie das erste Mal im Text vorkommen. Bleiben Sie dann bei demselben Fachausdruck in derselben Schreibweise. Hier sind Wiederholungen ausdrücklich erlaubt, Abwechslung würde Ihre LeserInnen verwirren.

- In vielen Disziplinen ist die Verwendung des Wortes „Ich" nach wie vor unüblich. Lediglich ein „VerfasserInnen-Ich" darf vorkommen, wenn beispielsweise Methodenentscheidungen oder ein spezieller Fokus erklärt werden. Vermeiden Sie Formulierungen wie „Die AutorInnen" oder „Wir", besonders, wenn Sie den Text alleine verfasst haben. Auch das pauschale „man" ist nicht zu empfehlen. Zur Umschreibung sind Passivkonstruktionen à la „Es scheint überzeugend, dass ein Zusammenhang zwischen ... besteht" üblich. Eleganter ist es, wenn Sie die Sache selbst in den Mittelpunkt stellen: „Ein überzeugender Zusammenhang besteht zwischen ..." und Ihre Position subtil durch die Formulierung vermitteln.

Lesen Sie gute und vielzitierte Texte in Ihrer Fachsprache, dann bekommen Sie ein besseres Sprachgefühl dafür, was in Ihrer Disziplin als „wissenschaftlich" empfunden wird.

Tipp 87: Mit „Wörter-Jenga" Texte verdichten
Reduzieren Sie Ihren Text auf das Wesentliche

Ein guter Text enthält keinen unnötigen Satz, keine Floskeln, kein überflüssiges Wort. Jeder Bestandteil Ihres Textes soll eine bestimmte Funktion erfüllen: Inhalte vermitteln, detailliert beschreiben oder veranschaulichen, Positionen bestärken, Literatur einbinden, Aussagen belegen, LeserInnen leiten, Klarheit schaffen, Gegensätze oder Zusammenhänge deutlich machen und vieles mehr. Unsere Sprechsprache enthält viele Elemente, die nicht sinntragend sind und auch in Ihren ersten Textentwürfen finden Sie jede Menge Sprachballast.

Verdichten Sie Ihren Text, indem Sie wie bei dem Turmbauspiel Jenga immer weitere Elemente entfernen. Überprüfen Sie jeweils, ob das Sprachgefüge noch stabil funktioniert oder ob die Kernaussage Ihres Textes ins Wanken gerät. Sie können erstaunlich viele Bestandteile streichen oder kürzen:

- Unmengen Binde- und Füllwörter („~~Meistens~~ können Sie ~~auch noch~~ Füllwörter ~~wieder~~ streichen.").

- Hilfszeitwörter („Füllwörter ~~können~~ Sie streichen.", wird zu: „Streichen Sie Füllwörter.").

- Viele Artikel („Versuchen Sie ~~die~~ Literatur einzubinden.").

- Überflüssige Adjektive und Adverbien „Streichen Sie ~~besonders~~ überflüssige Adjektive radikal ~~und konsequent.~~").

- Zusammengesetzte Hauptwörter („Die ~~Problem~~lösung erscheint klar.").

- Abstrakte Vorreiter („~~Üblicherweise~~ gibt es viele verschiedene Lösungen", wird zu: „Es gibt verschiedene Lösungen". Aus: „Hinzu kommt, dass ...", wird: „Zusätzlich ist ...").

- Parallelismen und Tautologien („Der ~~besonders~~ wichtige Punkt ist ..." oder: „Der ~~darauf spezialisierte~~ Experte für ...")

Wie uns WerbetexterInnen zeigen: Weniger ist mehr. Kürzere Texte sind prägnanter, einprägsamer und bringen die Kernaussage klar auf den Punkt. Ihr Text gewinnt, wenn Sie ihn von überflüssigem Ballast befreien.

Tipp 88

Den roten Faden spannen
Wie Sie in Fachtexten Spannung erzeugen

Jeder gute Text braucht einen Spannungsbogen. Wie bei einem Film wollen Ihre LeserInnen von Anfang an wissen, worum es geht, aber nicht gleich alles verraten bekommen. Ein guter Aufbau steigert die Spannung Szene um Szene. Wie in einem spannenden Krimi erfahren sie ein Indiz nach dem anderen, das Wichtigste kommt erst zum Schluss, als Höhepunkt. Wenn am Ende nicht klar ist, wer der Mörder ist, verlässt man das Kino mit einem unbefriedigten Gefühl – oder neugierig auf die nächste Folge.

Machen Sie am Anfang klar, worum es Ihnen geht und mit welchen Schritten Sie Ihr Thema erarbeiten, Ihre Fragestellung beantworten wollen. Dann wird die Erwartungshaltung Ihrer LeserInnen nicht enttäuscht. Die Details können Sie dann durchaus überraschend präsentieren: Stellen Sie zuerst Dargelegtes in Frage, bauen Sie überraschende neue Bezüge und Wendungen oder Widersprüche ein, um die Aufmerksamkeit Ihrer LeserInnen nicht absinken zu lassen.

Wichtig ist eine stimmige Abfolge der einzelnen Textelemente. Unlogisch aufeinander folgende Einblendungen bringen Ihre LeserInnen aus dem Konzept, sie können dem weiteren Handlungsverlauf dann nicht mehr folgen. Dokumentieren Sie darum jeden einzelnen Schritt. Machen Sie Ihren roten Faden immer wieder sichtbar, indem Sie Verständnishinweise einbauen und erklären, warum der jeweilige Aspekt wichtig ist und welchen Beitrag er zur Beantwortung Ihrer Fragestellung leistet.

Führen Sie Ihre LeserInnen so durch Ihren Text, dass sie sich immer sicher und orientiert fühlen. Nehmen Sie Ihre LeserInnen an schwierigen Textstellen an der Hand und verorten Sie sie mit Einleitungen, Verweisen und Zusammenfassungen. Werfen Sie Fragen im Text auf, bevor Sie Antworten liefern und lassen Sie so Ihre LeserInnen Zusammenhänge selbst entdecken. Machen Sie sie auf interessante Ausblicke und Details aufmerksam und gestalten Sie den Text so, dass er nicht zu anstrengend oder eintönig wird und überraschende Ein- und Aussichten bietet. Nützen Sie dafür leserInnenleitende Beziehungswörter, die Sie in den Text integrieren. Boeglin (2007) unterscheidet:

- Zeit- und Ortsangaben (bevor, danach, ebendort, darin enthalten, dahinter steht, …).

- Begründungen und Folgen (darum, deswegen, dementsprechend, daraus resultierend, wenn …dann, in Folge, gleichzeitig, …).

- Zweck und Ziel (damit, um … zu, wegen, deshalb, dorthin, indem).

- Bewertungen (am besten, weniger, mehr, genauer, geringfügig, zusätzlich, zudem, begleitend dazu).

- Gegensätze und Vergleiche (ebenso, anders als, im Gegensatz zu, umgekehrt, gleichlautend, übereinstimmend mit, im Widerspruch zu, entweder … oder, einerseits … andererseits, …).

Durch den bewussten Einsatz solcher Formulierungen können Sie Ihre LeserInnen von einem Satz zum nächsten leiten.

Der Höhepunkt eines fachlichen Textes sollten Ihre Ergebnisse, Ihre Erkenntnis sein. Lassen Sie Nebenhandlungsstränge nicht zu sehr in den Mittelpunkt treten, sondern rücken Sie Ihre Fragestellung, Ihr Thema immer wieder in den Mittelpunkt, bis Sie die krönende Lösung präsentieren. Achten Sie aber darauf, alle angerissenen Handlungsstränge und Nebenthemen wieder aufzugreifen und am Ende mit Ihren Ergebnissen zu verknüpfen.

Ihre LeserInnen wollen nicht mit einem banalen Ende für dumm verkauft werden. Belegen und begründen Sie Argumente und Schlussfolgerungen. Erwähnen Sie auch berechtigte Kritikpunkte und Gegenargumente. Ziehen Sie eine nachvollziehbare Bilanz all Ihrer Schritte und grenzen Sie Ihre Aussagen ein. Ein Ausblick darauf, wie es weitergehen könnte zum Schluss, belebt die Fantasie Ihrer LeserInnen und bewirkt, dass sie sich noch länger mit Ihrem Text auseinandersetzen.

9. IHR SCHREIBPROJEKT FINALISIEREN UND ZUM DRUCKFERTIGEN WERK GESTALTEN

Bei professionellen Druckwerken wird diese letzte Phase eines Schreibprojektes ausgelagert: Profis helfen den AutorInnen, ein Schreibprojekt abzuschließen und druckreif zu machen. Bei schulischen oder studentischen Abschlussarbeiten gibt es dieses Service nicht, Sie müssen selbst den Job mehrerer Profis übernehmen: Korrektorat, Formatierung, Grafik und Layout, sogar Druck und Vervielfältigung. Überlegen Sie, gerade wenn es eng wird, ob Sie nicht doch den einen oder anderen Punkt auslagern können oder sich von kompetenten Personen Unterstützung holen könnten. Auch bei (vor-)wissenschaftlichen Arbeiten ist das in dieser Phase erlaubt. Sie bleiben aber dafür verantwortlich, dass kein Schritt vergessen oder schlampig durchgeführt wird.

Die letzten 11 Tipps sollen Sie kurz an alle wichtigen Punkte des Schreibfinales erinnern, damit nicht ganz am Schluss noch etwas schief geht, sondern Sie Ihr Werk erfolgreich zu Ende bringen.

Tipp 89

Diskussion und Konklusion als Finale
Bringen Sie Ihr Fazit auf den Punkt

Obwohl Sie Ihre Ergebnisse erst am Ende Ihres Schreibprojektes diskutieren und ein zusammenfassendes Fazit schreiben können, stellen diese Textteile das krönende Finale Ihres gesamten Schreibprojekts dar. Am Ende sollen sich alle in Ihrem Text dargestellten Details und Argumentationsstränge zu einem Ganzen zusammenfügen. Das geschieht in den wichtigsten Kapiteln eines fachlichen oder (vor-)wissenschaftlichen Textes: der Diskussion und der Konklusion.

Die Diskussion: Hier stellen Sie Ihre Ergebnisse und Erkenntnisse den vorher erläuterten Thesen, Theorien und den Meinungen anderer AutorInnen gegenüber. Sie betten Ihre Arbeit in den fachlichen Diskurs ein, zeigen Ähnlichkeiten und Widersprüche zu bestehendem Wissen auf. Erklären Sie nun differenziert, was Ihre Ergebnisse tatsächlich bedeuten, worauf Sie nur hindeuten und was Sie daraus schließen. Die Diskussion gleicht einer Analyse des Bildes, das Sie mit Ihrem gesamten bisherigen Text gezeichnet haben – auch selbstkritische Anmerkungen sind hier erlaubt.

Die Konklusion ist das Fazit Ihrer Arbeit. Nun zeigen Sie Ihrem Publikum das fertige Bild: Bringen Sie Ihre Antworten und Ergebnisse auf den Punkt und stellen Sie das Erreichte pointiert dar. Weisen Sie auf die Bedeutung und das Potential Ihres Werkes hin und relativieren Sie gleichzeitig, was es nicht leisten kann und soll. Geben Sie zunächst einen kurzen Rückblick, wie Sie vorgegangen sind. Nehmen Sie dabei Bezug auf die in Ihrer Einleitung angekündigte Vorgehensweise. Ihre Fragestellungen und Zielsetzungen aus Einleitung und Konklusion sollten übereinstimmen: Schreiben Sie klar, welche Fragen Sie beantworten konnten, welche Forschungslücken Sie gefüllt haben und welche noch offen sind oder sich neu ergeben haben. Krönen Sie Ihre abschließenden Worte mit einem Ausblick auf zukünftige Projekte, die an Ihre Arbeit anschließen könnten.

Ein gutes Ende schließt den Bogen zu Ihrer Fragestellung und bietet neue Erkenntnisse. Viele LeserInnen lesen nur Einleitung, Abstract und Konklusion, um sich zu informieren. Achten Sie also darauf, Ihre wichtigsten Ergebnisse prägnant darzustellen – stillen Sie die Neugier und den Wissensdurst Ihrer LeserInnen!

Einleitende Worte ganz zum Schluss

Tipp 90

Machen Sie Ihre LeserInnen neugierig

Ganz zum Schluss finalisieren Sie Ihre Einleitung. Jetzt, wo Sie wissen, wohin Ihr Schreibprojekt führt, können Sie die Erwartungen Ihrer LeserInnen genau darauf lenken: Machen Sie gezielt neugierig auf Ihre Antworten und Ergebnisse. Kündigen Sie an, was der Text seiner Leserschaft bietet und grenzen Sie ab, worum es Ihnen nicht geht. Versprechen Sie nicht zu viel, bedenken Sie, dass viele sich beim Querlesen nur auf Ihre Einleitung verlassen!

Um möglichst viele Interessierte zum Lesen Ihres Textes zu verlocken, brauchen Sie einen guten Einstieg. Boeglin (2007) empfiehlt, aktuelle Probleme oder Beispiele aufzugreifen oder mit einem provokativen Zitat zu starten. Holen Sie nicht zu weit aus, sondern beginnen Sie, indem Sie Ihre Forschungslücke sichtbar machen und überraschende Widersprüche in stabil geglaubten Wissensgefügen aufzeigen. Stellen Sie Ihre Praxiserfahrungen den theoretischen Thesen gegenüber und werfen Sie Fragen auf, die Ihr Publikum nachvollziehen kann.

Am Ende Ihrer Einleitung kündigen Sie an, wie und womit Sie diese Fragen erörtern werden. Sie bringen auf den Punkt, was Sie konkret herausfinden wollen (Ihre Fragestellung) und welche Ziele Sie damit erreichen wollen. Streichen Sie nochmal heraus, warum diese Antworten relevant sein werden und wofür Ihre Ergebnisse nützlich sein könnten. Wenn Sie ein Exposé verfasst haben **(Tipp 54 – Nicht ohne Exposé)**, können Sie sicher große Teile davon für Ihre Einleitung verwenden.

Beschreiben Sie in Ihrer Einleitung eine prägnante Reiseroute durch Ihren Text: wo Sie starten, welche interessanten Stationen Sie queren, wie Sie ans Ziel gelangen wollen und was Sie sich von dieser Reise erhoffen. Dann werden sich viele mit Ihnen auf diese Lesereise begeben.

Tipp 91 — Writing-Prompts for your Abstract

Ein Abstract gekonnt formulieren

Bei vorwissenschaftlichen Arbeiten und studentischen Abschlussarbeiten wird oft ein Abstract verlangt: Ein zusammenfassender Kurztext mit spezifischem Aufbau, meist auf Englisch geschrieben. Im Prinzip ähnelt ein Abstract einer Konklusion, es ist die Ultrakurzfassung Ihrer gesamten Arbeit. Ihr Abstract wird bei Veröffentlichung Ihres Textes zum allerwichtigsten Teil Ihrer Arbeit: Viele LeserInnen werden nur das Abstract anschauen, denn nur das Abstract ist immer frei zugänglich.

Wie schreiben Sie Ihr Abstract?

Wenn Sie zu Beginn Ihrer Arbeit einen Gliederungscluster **(Tipp 46)** verfasst haben, können Sie nun entlang der Gliederungs-Teilfragen Ihr Schreibprojekt gut darstellen. Beantworten Sie am besten jede Unterfrage Ihrer Gliederung rückblickend mit einem Satz, dann haben Sie bereits den Rohtext Ihres Abstracts:

WAS haben Sie gemacht und **WARUM?**

WIE und **WOMIT** haben Sie das gemacht?

Welche **ERGEBNISSE** kamen dabei heraus?

Welche **BEDEUTUNG** haben diese Ergebnisse?

Murray (2005) empfiehlt, ein Abstract mit sogenannten „Writing-Prompts" zu verfassen: Satzanfängen, die als Schreibanstöße dienen. Tatsächlich können Sie damit auch ohne tolle Englischkenntnisse gute Abstracts verfassen.

Hier **10 Writing-Prompts** in Anlehnung an Murray (2005) und entsprechende deutsche Impulsfragen:

1) What I did was …   Was haben Sie in Ihrem Schreibprojekt erarbeitet?

2) Why I did this was …   Warum fanden Sie es relevant, das zu tun?

3)	This would be of interest for …	Wer kann von Ihren Erkenntnissen profitieren?
4)	How I did this was …	Wie haben Sie Ihr Projekt durchgeführt?
5)	What happened, when I did this was …	Was ist dann passiert oder dabei herausgekommen?
6)	What I did not consider, was …	Was haben Sie dabei nicht berücksichtigt?
7)	My results mean in theory …	Was bedeuten Ihre Ergebnisse theoretisch?
8)	My results mean in practice …	Was bedeuten Ihre Ergebnisse für die Praxis?
9)	The key benefit of my work is …	Was ist das wichtigste Resultat Ihrer Arbeit?
10)	What remains unsolved is …	Was bleibt offen?

Indem Sie jeden dieser Sätze vollenden oder zu jeder Frage je nach Umfang Ihrer Arbeit 1–3 Sätze schreiben, ist Ihr Abstract so gut wie fertig und enthält alle wesentlichen Punkte. Glätten Sie den Text, runden Sie ihn sprachlich ab und kürzen Sie ihn auf die vorgegebene Zeichenanzahl.

Mit Impulsfragen oder Writing Prompts ist das Verfassen von Abstracts keine Hexerei!

Tipp 92 — Noch schnell ein Vorwort verfassen
Danken Sie allen hilfreichen Geistern

Ein großes Schreibprojekt hat oft nicht nur Ihnen selbst sehr viel abverlangt. Auch Personen in Ihrer Umgebung haben Sie unterstützt, betreut oder das Projekt sogar auf die eine oder andere Weise erst ermöglicht. Nicht nur fachliche Hilfe ist erwähnenswert, besonders moralische Unterstützung aus Freundeskreis und Familie ist sicher wichtig für das Gelingen Ihres Schreibprojekts gewesen. Denn mit einer AutorIn ein Schreibprojekt von der ersten Idee bis zum Last-Minute-Stress durchzustehen, braucht einiges an Energie und Geduld.

Nehmen Sie sich die Zeit, trotz des unvermeidlichen Stresses in der Abschlussphase eines Schreibprojektes, Ihren HelferInnen ein paar Worte zu widmen. Es wird Ihnen später leidtun, wenn Sie darauf verzichten. Die in einer Danksagung genannten Personen werden sich wertgeschätzt fühlen, immerhin wurden ihre Namen in einem gedruckten, sogar veröffentlichten Werk positiv hervorgehoben. Und wenn Sie bei einem zukünftigen Schreibprojekt wieder Unterstützung brauchen, erinnern sich die guten Geister von diesmal sicher an die positive Erwähnung.

In einem Vorwort haben Sie auch endlich die Gelegenheit, ein paar persönliche Worte zu Ihrem Werk zu schreiben: Viele LeserInnen interessiert, wie Sie die Idee zu Ihrem Schreibprojekt gefunden haben, was Sie daran besonders fasziniert hat und was Ihnen Schwierigkeiten bereitet hat. Wenn sich Ihr Schreibprozess über einen längeren Zeitraum erstreckt hat, können Sie auch auf den aktuellen Stand und zwischenzeitliche Entwicklungen eingehen, die Sie im Text nicht mehr unterbringen wollten.

Runden Sie Ihr Werk ganz zum Schluss mit einer persönlichen Note ab.

Formale Vorgaben und Feedback einarbeiten

Tipp 93

Berücksichtigen Sie externe Anforderungen

Erstaunlich viele zur Publikation eingereichte Texte werden aus rein formalen Gründen nicht angenommen. Laut Murray (2005) weisen sogar bis zu 50 % aller Einreichungen in wissenschaftlichen Journalen formale Mängel auf. Obwohl die formalen Vorgaben immer angegeben sind, werden Sie oft einfach nicht berücksichtigt oder im Abgabestress vergessen – mit fatalen Folgen. Egal wie gut ein Text inhaltlich ist, er kommt erst gar nicht zu den Personen, die ihn wirklich lesen, da er schon an der Hürde der formalen Korrektheit scheitert.

Kontrollieren Sie also unbedingt, ob Ihr Text allen formalen Vorgaben genügt. Es wäre doch schade, wenn Ihre brillanten Ausführungen wegen eines falschen Zeilenabstandes, fehlender Titelseite oder anderer in den Vorgaben verlangter Details nicht entsprechend gewürdigt werden. Gerade bei wissenschaftlichen und schulischen Abschlussarbeiten wird diesen Formalien ein großer Stellenwert beigemessen – schließlich sollen Sie mit Ihrer Arbeit zeigen, dass Sie eben diese formalen Konventionen beherrschen.

Abschlussarbeiten schreiben Sie nicht nur für sich selbst und Ihre LeserInnen, Sie wollen auch eine gute Beurteilung. Ihr Text muss also speziell den Anforderungen Ihrer BetreuerInnen und jenen der Beurteilungskommission genügen. Erkundigen Sie sich also bereits im Vorfeld, was von den Zuständigen besonders geschätzt wird und was ihnen weniger gefällt. Bitten Sie Ihre BetreuerInnen um konkretes Feedback, bevor Sie Ihren Text finalisieren: Was müssen Sie noch verändern, um die von Ihnen gewünschte Beurteilung zu bekommen?

Schauen Sie alle Notizen von früheren Betreuungsgesprächen durch und integrieren Sie hier und da ein paar Elemente, die Ihren BetreuerInnen besonders wichtig sind, wenn es sich mit Ihrer Meinung vereinbaren lässt. So zeigen Sie Ihren BetreuerInnen, dass Sie deren Feedback ernst nehmen und berücksichtigen.

Kontrollieren Sie, ob alle wesentlichen Kritikpunkte Ihrer BetreuerInnen eingearbeitet und alle formalen Vorgaben umgesetzt wurden – es wäre doch schade, wenn die Qualität Ihrer Arbeit nur deswegen schlechter beurteilt würde!

Tipp 94

Verzeichnisse erstellen
Überblick für Ihre LeserInnen

Zu einem größeren Fachtext gehören zumindest ein Inhaltsverzeichnis und ein Literaturverzeichnis, mit der von Ihnen im Text verwendeten Literatur. Zusätzlich machen auch noch andere Übersichten Ihren Text leichter lesbar und vereinfachen den Lesenden das typische Querlesen. Oftmals gibt es auch Vorgaben, die bestimmte Verzeichnisse verlangen – erfragen Sie, was nötig ist!

Zu den üblichen Verzeichnissen gehören:

- **Inhaltsverzeichnis:** alle Kapitel und Unterkapitel (nicht mehr als 3 Gliederungsstufen).
- **Literaturverzeichnis:** enthält bibliografische Angaben zu jeder Literatur, die Sie im Text angegeben haben.
- **Abbildungsverzeichnis:** jede Abbildung im Text mit Titel, Nummer und Herkunftsangaben.
- **Tabellenverzeichnis:** jede Tabelle, die im Fließtext enthalten ist (nicht im Anhang).
- **Quellenverzeichnis:** ist manchmal zusätzlich zur Literaturliste notwendig, wenn Sie mit Originalquellen und Originalmaterialien arbeiten.
- **Fußnotenverzeichnis:** sinnvoll, wenn Sie die Fußnoten nicht im unteren Seitenbereich, sondern am Ende der Arbeit positionieren.
- **Abkürzungsverzeichnis:** enthält alle verwendeten Abkürzungen mit kurzer Definition.
- **Stichwortverzeichnis:** gibt an, auf welchen Seiten welches Stichwort zu finden ist.
- **Glossar:** im Glossar erklären Sie die Bedeutung der von Ihnen verwendeten Fachbegriffe.
- **Anhang:** hier können Sie ergänzende Materialien wie Interview-Transkripte, umfangreiche Tabellen, Photographien bearbeiteter Werke und andere Zusatzinformationen platzieren. Heute ist auch ein Anhang von digitalen Materialien möglich.

Moderne Textverarbeitungsprogramme erstellen die meisten Verzeichnisse automatisch für Sie. Nutzen Sie diese Funktionen Ihrer Software und machen Sie sich rechtzeitig mit allen Möglichkeiten vertraut. Denn damit solche Programme Ihnen die Hauptarbeit abnehmen können, müssen Sie entsprechende Vorarbeit leisten:

- Bei Ihrer **Literaturliste** erspart Ihnen ein Literaturverwaltungsprogramm eine Menge Arbeit, es muss aber mittels Plug-Ins mit Ihrem Textverarbeitungsprogramm verknüpft werden. Verwenden Sie seine Funktionen konsequent: Händisch in den Text eingefügte Referenzen werden nicht in Ihrer Literaturliste aufscheinen, so etwas kann das beste Programm nicht erkennen. Ein Programm listet immer nur Daten auf, die Sie darin gespeichert haben. Kontrollieren Sie die eingetragenen Referenzdaten, am besten, wenn Sie sie erstmals in Ihr Literaturverwaltungsprogramm aufnehmen.

- Damit ein **Inhaltsverzeichnis** erstellt werden kann, müssen Sie alle Titel, die darin aufscheinen sollen, als Überschriften oder Unterüberschriften kennzeichnen, das Gleiche gilt für Quellen und Stichworte für Ihr Stichwortverzeichnis. Vergessen Sie nicht, vor dem Ausdrucken zu aktualisieren, damit die Seitenzahlen stimmen!

- **Tabellen, Abbildungen und Fußnoten** müssen Sie ebenfalls als solche markieren und durchgängig nummerieren. Kontrollieren Sie, ob Nummern doppelt vorkommen, weil Sie nachträglich etwas hinzugefügt haben. Überprüfen Sie auch alle Verweise auf Ihre Abbildungen und Tabellen im Text, sie müssen Ihre LeserInnen zur richtigen Illustration führen.

Ein Glossar und einen Anhang müssen Sie meist nach wie vor selbst erstellen. Klären Sie, ob es für spezielle Verzeichnisse formale Vorgaben gibt und überlegen Sie sich, wie Sie Ihre Verzeichnisse strukturieren wollen (beispielsweise alphabetisch oder in der Reihenfolge der Nennung im Text).

Vergessen Sie kein Verzeichnis, das durch formale Vorgaben für Ihr Schreibprojekt verlangt wird!

Tipp 95

Für Korrektorat sorgen

Grammatik- und Rechtschreibfehler eliminieren

Ein druckreifer Text sollte keine Tippfehler, Rechtschreibfehler oder grammatische Mängel enthalten. Viele AutorInnen sind selbst nicht in der Lage, alle Fehler zu identifizieren. Sei es, weil sie nicht in Ihrer Muttersprache schreiben, eine Seh- oder Rechtschreibschwäche haben oder weil sie der typischen Textblindheit zum Opfer fallen. Denn bei eigenen Texten sind Sie als Schreibende so auf die inhaltliche Ebene konzentriert, dass Sie Mängel auf der Zeichensetzungsebene nicht bemerken.

Trotzdem liegt es in Ihrer Verantwortung als Autorin, dafür zu sorgen, dass Ihr Text am Ende fehlerfrei ist. Sie dürfen diese Aufgaben aber gerne von jemand anderem erledigen lassen: Auch bei schulischen und studentischen Abschlussarbeiten ist es zulässig, das Korrektorat (im Gegensatz zum Lektorat) auszulagern und einem Profi zu überlassen.

Falls Sie Ihren Text selbst Korrektur lesen müssen, hier ein paar Tipps:

- Drucken Sie die Texte aus und lassen Sie sie länger liegen, bevor Sie sie Korrektur lesen, um Ihre Textblindheit zu reduzieren.

- Lesen Sie nicht linear, sondern schauen Sie Wörter auf die Richtigkeit der Buchstaben und Sätze auf Ihren grammatischen Aufbau hin an. Gehen Sie den Text eventuell absatzweise von hinten nach vorne durch.

- Verwenden Sie Wörterbücher wie Duden-online und nutzen Sie die Rechtschreib- und Grammatik-Prüfroutinen Ihrer Textverarbeitungsprogramme und konzentrieren Sie sich nur auf unterwellte Stellen.

- Achten Sie auf „Copy-Paste" Reste, die durch strukturelles Überarbeiten leicht entstehen: Eliminieren Sie doppelte Wörter, Leerzeichen und Satzzeichen sowie übriggebliebene Satzfragmente.

- Ergänzen Sie fehlende Punkte, Beistriche und manchmal verloren gegangene Verben.

- Kontrollieren Sie, ob die Zahl der Subjekte der Zahl des zugehörigen Zeitwortes entspricht – ein sehr häufiger Fehler!

- In wissenschaftlichen Texten wird die Gegenwartsform verwendet, wenn Sie über Ihre Analysen schreiben oder Literatur paraphrasieren. Trotzdem können andere Zeitformen notwendig sein, wenn Sie über historische Abläufe oder zukünftige Entwicklungen schreiben. Überprüfen Sie, ob Sie im ganzen Text konsequent in der gleichen Zeit bleiben!

Korrektur lesen erfordert hohe Konzentration und extreme Genauigkeit und dauert daher auch lange. Je weniger Übung Sie darin haben, desto mehr Zeit sollten Sie veranschlagen. Von fertigen Fachtexten wird sprachliche Korrektheit verlangt. Holen Sie sich unbedingt die Unterstützung von sprachkompetenten „MuttersprachlerInnen", wenn Sie in einer Fremdsprache schreiben müssen. Der erste Eindruck zählt und Ausreden gelten diesbezüglich selten.

Also: Sorgen Sie für ein gutes Korrektorat!

Tipp 96

Format mit System
Gestalten Sie Ihren Text einheitlich

Wenn Sie am Schluss noch Zeit und Muße haben, verleihen Sie dem Äußeren Ihres Textes einen letzten Schliff, indem Sie die Formatierung vereinheitlichen. Das erhöht die Lesbarkeit Ihres Textes wesentlich:

- Verwenden Sie immer dieselben Aufzählungszeichen für dieselben Aufzählungsarten.

- Achten Sie bei nummerierten Auflistungen zu Beginn darauf, die einzelnen Punkte im Text in der gleichen Reihenfolge abzuhandeln wie in der Aufzählung.

- Beschriften Sie Ihre Abbildungen und Tabellen immer nach demselben Modus (beispielsweise: Nummer mittig, darunter Titel fettgedruckt, Herkunft in Klammer rechtsbündig).

- Gestalten Sie Ihre Überschriften nach einem möglichst einheitlichen Muster.

- Formatieren Sie Hervorhebungen verwandter Art immer im selben Stil (beispielsweise Zitate immer kursiv und eingerückt, Verweise immer in eckiger Klammer).

- Behalten Sie besonders bei einer händisch gestalteten Literaturliste ein einheitliches Formatierungsmuster bei (etwa Jahreszahl immer in Klammer nach den AutorInnen, Titel immer kursiv, ...).

- Verwenden Sie immer dieselben Abkürzungen und Schreibweisen von Fachbegriffen.

- Achten Sie bei genderneutraler Schreibweise darauf, immer den gleichen Modus zu verwenden und nicht zwischen verschiedenen Formaten zu wechseln.

Unterschätzen Sie den Zeitaufwand für eine solche formale Vereinheitlichung nicht. Auch hier spielen Genauigkeit und Konsequenz eine große Rolle, oft sind auch technische Schwierigkeiten mit Ihrem Textverwaltungsprogramm zu meistern. Trotzdem lohnt sich der Aufwand: Ein ordentlich und einheitlich formatierter Text vermittelt einen kompetenten Eindruck!

Grafisches Layout und Satz

Tipp 97

Designen Sie Ihr Textprodukt

Wenn Sie für einen Verlag schreiben, müssen Sie sich um diese finalen Details nicht mehr kümmern, das erledigen Profis für Sie. Publizieren Sie im Selbstverlag oder handelt es sich um eine Abschlussarbeit, müssen Sie das optische Design Ihres Werkes selbst in die Hand nehmen. Es lohnt sich, sich zumindest kurz mit verschiedenen Gestaltungsmöglichkeiten zu beschäftigen. Schließlich wollen Sie bestimmt, dass Ihr Textprodukt auch optisch etwas hermacht.

An folgenden Aspekten können Sie gestalterisch feilen:

- Probieren Sie unterschiedliche Formatvorlagen Ihres Textverwaltungsprogrammes aus – welche gefällt Ihnen am Besten?

- Wie sollen Ihre Tabellen farblich gestaltet sein? Entscheiden Sie sich für eine gut lesbare Variante, die Wichtiges auch optisch hervorhebt.

- Sind Ihre Abbildungen besser schwarz-weiß oder in Farbe?

- Wie können Sie Diagramme und Skizzen grafisch ansprechend designen?
- Wie sollen Abbildungen und Tabellen im Textfluss integriert sein?
- Wollen Sie auch farbige Akzente setzen, indem Sie für Überschriften oder spezielle Textteile eine andere Schriftfarbe wählen?
- Gibt es Textelemente, die Sie in farbig hinterlegte Boxen stellen oder anders grafisch hervorheben wollen? Möchten Sie manche Passagen mit speziellen grafischen Icons kennzeichnen?
- Wie soll der Beginn eines neuen Kapitels aussehen? Wollen Sie immer mit einer neuen Seite beginnen oder den ersten Buchstaben größer gestalten?
- Wie soll Ihre Titelseite oder Ihr Cover aussehen? Was soll am Buchrücken und am Klappentext zu sehen sein?

Wenn Sie auch das grafische Design Ihres Textproduktes ansprechend gestalten, werden Sie das fertige Werk noch lieber in die Hand nehmen und es besonders stolz herzeigen!

Schlusskorrektur und Endkontrolle

Tipp 98

Ein letzter Check-Up macht Sie sicher

Jetzt wird es ernst. Ihr Schreibprojekt ist fertig und soll abgegeben werden, in den Druck gehen und fertig gebunden werden. Es lohnt sich, noch einmal die wichtigsten Punkte zu kontrollieren, damit Sie ganz zum Schluss keine bösen Überraschungen erleben. Drucken Sie Ihr gesamtes Werk für einen letzten Kontrolldurchgang noch einmal aus:

- Kontrollieren Sie, vor allem bei (vor-)wissenschaftlichen Arbeiten, die Vollständigkeit Ihrer Literaturliste und die passenden Referenzangaben im Text.

- Haben Sie alle geforderten Teile wie Abstract, Titelseite und diverse Verzeichnisse in Ihr Textdokument integriert?

- Kontrollieren Sie die Überschriften noch einmal extra – hier verbergen sich oft unentdeckte Tippfehler!

- Sind alle Abbildungen auch ausgedruckt gut erkennbar und alle Tabellen gut lesbar? Sind alle Illustrationen vollständig abgebildet?

- Stimmen die Nummerierungen von Kapiteln, Tabellen und Abbildungen und die Seitenzahlen in den entsprechenden Verzeichnissen überein?

- Haben sich beim fertigen Ausdruck sicher nirgendwo Formatierungen und Layout verschoben?

- Kontrollieren Sie in Ihrer Druckvorlage, ob auch keine Seiten fehlen oder doppelt sind!

- Haben Sie links genug Seitenrand gelassen, damit man den Text auch nach dem Binden gut lesen kann?

Kleine Schönheitsfehler stören Sie später ungemein und nichts ist ärgerlicher, als eine abgeschnittene Abbildung im fertig gedruckten Buch. Ein letzter Check-Up lohnt sich, bevor Ihr Werk endlich in Druck gehen darf.

Tipp 99 — Setzen Sie einen Schlussstrich

Der beste Text ist ein fertiger Text

Irgendwann müssen Sie einen Endpunkt setzen und Ihr Werk für vollendet erklären. Wann ein Text „fertig" ist, bestimmen Sie – es gibt keinen perfekten Text. Sie können Texte bis in alle Ewigkeit erst in eine Richtung überarbeiten und dann wieder aus einer anderen Perspektive umformen. Aus jedem Text kann man durch weiteres Überarbeiten zehn verschiedene neue Texte machen. Besonders ohne Deadline ist es manchmal schwierig, ein Schreibprojekt abzuschließen.

Halten Sie sich Ihren Anspruch vor Augen und betrachten Sie die Sache pragmatisch: Macht weiteres Überarbeiten Ihren Text wirklich besser oder nur anders? Und wie perfekt muss Ihr Text sein, um seinen Zweck zu erfüllen? Wenn Sie Ihre Ansprüche in unrealistische Höhen schrauben, wird Ihr Schreibprojekt nie fertig.

Ein Ende zu finden, ist nicht leicht: Es fordert Mut und Selbstvertrauen, die Arbeit an einem Text abzuschließen und ihn in den öffentlichen Diskurs zu entlassen.

Ihr „Text-Baby" anderen zu überlassen, ist nicht leicht, aber unbedingt notwendig, damit Sie sich erholen und zu neuen Projekten aufbrechen können. Machen Sie Pläne für danach, überlegen Sie, was Sie alles tun werden, wenn Sie Ihr Schreibprojekt endlich abgeschlossen haben. Dadurch wird es Ihnen leichter fallen, einen Schlussstrich zu ziehen.

Schließlich haben Sie schon sehr viel geleistet: Sie haben versucht, methodisch korrekt und inhaltlich den Anforderungen entsprechend umfangreich zu arbeiten. Sie haben Ihre Erstentwürfe mehrfach strukturiert überarbeitet und an die Erwartungen der angepeilten Leserschaft angepasst. Bei schulischen oder wissenschaftlichen Abschlussarbeiten haben Sie auch die Anregungen und das Feedback Ihrer BetreuerInnen berücksichtigt und eingearbeitet. Schließlich haben Sie auch das sprachliche Niveau Ihres Werkes überprüft und gegebenenfalls korrigiert. Das Layout ist abgeschlossen, nun ist der Text druckfertig.

Genug ist genug: Alle Vorbereitungen sind getroffen, jetzt heißt es nur noch loslassen – damit Sie endlich feiern können!

THE END

Literatur

- Aschemann-Pilshofer, B. (2005): Diplomarbeiten in den Geisteswissenschaften: Widersprüche und Wege. Eine empirische Analyse der Barrieren und Hilfestellungen im Diplomarbeitsprozess. Norderstedt: Books on Demand.
- Boeglin, M. (2007): Wissenschaftlich arbeiten Schritt für Schritt. Gelassen und effektiv studieren. München: Wilhelm Fink Verlag.
- Bolker, Joan (1998): Writing Your Dissertation in Fifteen Minutes a Day. A Guide to Starting, Revising, and Finishing your Doctoral Thesis. New York: Henry Holt and Company.
- Bolker, Joan (1997): The Writers´ Home Companion. An Anthology of the World's Best Writing Advice from Keats to Kunitz. New York: Henry Holt and Company.
- Cameron, J. (2000): Der Weg des Künstlers. Ein spiritueller Pfad zur Aktivierung unserer Kreativität. München: Knaur.
- Elbow, P. (1998): Writing with Power. Techniques for mastering the Writing Process. New York / Oxford: Oxford University Press.
- Goldberg, N. (2003): Schreiben in Cafés. Berlin: Autorenhaus Verlag
- Kruse, O. (2002): Keine Angst vor dem leeren Blatt. Ohne Schreibblockaden durchs Studium. Frankfurt/ New York: Campus, 9. Auflage.
- Kruse, O. (2010): Lesen und Schreiben: Der richtige Umgang mit Texten im Studium. In: Studieren, aber richtig. Konstanz: UVK/ UTB.
- Lamott, A. (1995): Bird by Bird: Some Instructions on Writing and Life (1st Anchor Books ed.). New York: Anchor Books.
- Levy, M. (2002): Geniale Momente. Revolutionieren sie ihr Denken durch persönliche Aufzeichnungen. Zürich / St. Gallen: MidasVerlag.
- Liessmann, K.P. (2013) Die allmähliche Verfertigung der Gedanken beim Schreiben. Vortrag, Universität Graz, http://erwachsenenbildung.at/aktuell/nachrichten_details.php?nid=6879, abgerufen am 05.08.2013
- Märtin, D. (2003): Erfolgreich texten! Für Studium und Beruf. München: Wilhelm Heyne Verlag.
- Mautner, G. (2011): Wissenschaftliches Englisch: Stilsicher schreiben in Studium und Wissenschaft. Konstanz: UVK-Verl.-Ges.
- Murray, R. (2005): Writing for Academic Journals. Maidenhead: Open University Press-McGraw-Hill.
- Rico, G. (2004): Garantiert schreiben lernen: Sprachliche Kreativität methodisch entwickeln. Ein Intensivkurs auf der Grundlage moderner Gehirnforschung. Hamburg: Rowohlt.
- Rienecker, L. (2003): Text That Works. Second Conference of the European Association for the Teaching of Academic Writing. June, 2003: 23–25.
- Schmitz, M., Zöllner N. (2007): Der rote Faden: 25 Schritte zur Fach- und Maturaarbeit. Zürich: Orell Fuessli Verlag.
- Skinner, B. F. (1997): How to Discover What You Have to Say. In: The Writer's Home Companion l Editor: Joan Bolker, London: Macmillan.
- Turecek, K. & Peterson, B. (2009): Kleines Handbuch Studium (1st ed.). Wien: Krenn.
- Turecek, K. & Peterson, B. (2010): Handbuch Studium (1st ed.). Wien: Krenn.
- Werder, L., Schulte-Steineicke, B., Schulte, B. (2001): Weg mit Schreibstörungen und Lesestress: Zur Praxis und Psychologie des Schreib- und Lesecoaching. Hohengehren: Schneider.
- Wolfsberger, J. (2007): Frei geschrieben. Wien: Böhlau Verlag.

Impressum

Das Werk, einschließlich aller seiner Teile, ist urheberrechtlich geschützt. Jede Verwertung außerhalb des Urheberrechtsgesetzes ist ohne Zustimmung der Hubert Krenn VerlagsgesmbH unzulässig und strafbar. Das gilt insbesondere für Vervielfältigungen, Übersetzungen, Mikroverfilmungen sowie die Einspeicherung und Verarbeitung in elektronischen Systemen. Die in diesem Buch veröffentlichten Ratschläge sind mit größter Sorgfalt von der Autorin erarbeitet und geprüft worden. Eine Garantie kann jedoch nicht übernommen werden. Ebenso ist eine Haftung des Verlags und seiner Beauftragten für Personen-, Sach- oder Vermögensschäden ausgeschlossen. Jede gewerbliche Nutzung der Arbeiten und Entwürfe ist nur mit Genehmigung der Hubert Krenn VerlagsgesmbH gestattet.

Cover: Marianne Prutsch
Grafische Gestaltung: Barbara Resl
Texte: Mag. Birgit Peterson
Lektorat: Melanie Hill, MMag. Alexander Sprung
Fotos: photodisc, istockphoto.com, fotolia.de (© babimu, fabiomax, Torsten Paris, PRILL Mediendesign, udra11, coramax, Sergey Nivens, Dreaming Andy, contrastwerkstatt), dreamstime.com, gettyimages.com, photocase.com
Druck und Bindung: Druckerei Theiss GmbH, A-9431 St. Stefan

© Hubert Krenn VerlagsgesmbH 2013, Printed in EU 2010
ISBN: 978-3-99005-180-1

Aktualisierte 2. Auflage.

Institut für Gehirntraining
Dr. Katharina Turecek, MSc

www.a-head.at

Lerntyp-Analyse

Katharina Turecek
Erfolgreich mit dem Lernprofil

144 Seiten, 16,5 x 23 cm, broschiert
€ 19,90 (A/D) / CHF 35,40* | ISBN 978-3-99005-111-5

Erfolgreich studieren

Katharina Turecek, Birgit Peterson
Handbuch Studium

264 Seiten, 16,5 x 23 cm, broschiert, durchgehend illustriert
€ 19,95 (A/D) / CHF 35,50* | ISBN 978-3-99005-033-0

99 Ratschläge

Katharina Turecek, Birgit Peterson

Kleines Handbuch Studium

128 Seiten, 9 x 14 cm, broschiert, durchgehend illustriert
€ 9,95 (A/D) / CHF 15,80* I ISBN 978-3-99005-034-7

Bis ins hohe Alter

Dr. Katharina Turecek, MSc

Geistig fit, ein Leben lang
Anti-Aging fürs Gehirn

176 Seiten, 15 x 23 cm, gebunden
€ 22,40 (A/D) / CHF 39,80* I ISBN 978-3-99005-148-1

Dr. Katharina Turecek, MSc

Geistig fit, ein Leben lang Übungsbuch

48 Seiten, 16,5 x 23 cm, gebunden
€ 9,95 (A/D) / CHF 35,40* | ISBN 978-3-99005-149-8

Einfach und praxisnah

Katharina Turecek

Die 99 besten Lerntipps

128 Seiten, 16,5 x 23 cm, gebunden
€ 9,95 (A/D) / CHF 15,80* | ISBN 978-3-99005-071-2